职业教育新能源汽车专业"互联网+"创新型教材

纯电动汽车

电池及管理系统检修

天津职业技术师范大学
汽车职业教育研究所　组编

主　编　孙玉章　孔　超　万晓峰
副主编　侯朋朋　孙伟峰　石培吉
参　编　申荣卫　周　毅　高游夏

机械工业出版社

本教材采用基于工作过程的方法进行开发，内容以典型工作任务为载体进行组织，主要包括充电装置的使用、动力蓄电池的更换与故障诊断、电池管理系统的更换与故障诊断三个学习情境。每个情境下还包含若干学习单元，每个学习单元以实际工作任务进行导入，理论知识包含共性知识和个性知识，实践技能部分以吉利 EV450 车型为例。

本书适合于开设汽车维修类专业的职业院校使用，也可以供汽车技术培训机构使用，同时也可作为汽车维修从业人员的学习参考书。

本书配有电子课件、二维码视频、任务工单及答案等教学资源，凡使用本书作为教材的教师，均可登录机械工业出版社教育服务网 www.cmpedu.com 注册免费获取，也可加 QQ：1006310850 咨询获取。

图书在版编目（CIP）数据

纯电动汽车电池及管理系统检修/天津职业技术师范大学汽车职业教育研究所组编；孙玉章，孔超，万晓峰主编. —北京：机械工业出版社，2021.8（2023.12重印）

职业教育新能源汽车专业"互联网+"创新型教材

ISBN 978-7-111-68503-6

Ⅰ.①纯… Ⅱ.①天… ②孙… ③孔… ④万… Ⅲ.①电动汽车-蓄电池-车辆检修-职业教育-教材 Ⅳ.①U469.720.3

中国版本图书馆 CIP 数据核字（2021）第 118040 号

机械工业出版社（北京市百万庄大街 22 号　邮政编码 100037）
策划编辑：于志伟　责任编辑：于志伟　蓝伙金
责任校对：张　征　封面设计：张　静
责任印制：李　昂
北京中科印刷有限公司印刷
2023 年 12 月第 1 版第 4 次印刷
184mm×260mm・9.5 印张・215 千字
标准书号：ISBN 978-7-111-68503-6
定价：45.00 元

电话服务	网络服务
客服电话：010-88361066	机　工　官　网：www.cmpbook.com
010-88379833	机　工　官　博：weibo.com/cmp1952
010-68326294	金　　书　　网：www.golden-book.com
封底无防伪标均为盗版	机工教育服务网：www.cmpedu.com

前　言

2015年10月30日，国家工信部正式发布《〈中国制造2025〉重点领域技术路线图（2015版）》，明确提出纯电动和插电式混合动力电动汽车、燃料电池电动汽车是国内未来在新能源汽车领域的重点发展方向。2016年10月26日，中国汽车工程学会《节能与新能源汽车技术路线图》的发布再次对新能源汽车技术发展提出了更为明确的思路和路径。

随着我国新能源汽车行业的快速发展，急需大批懂新能源汽车维护和维修技术的人才。目前，我国职业院校肩负着培养新能源汽车技术技能人才的历史重任，国内已经掀起了开设新能源汽车专业的热潮。青岛军民融合学院依托天津职业技术师范大学汽车职业教育研究所，联合职业院校、企业，组织编写了本系列理实一体化教材。本书适合于开设新能源汽车专业的职业院校使用，也可以供新能源汽车技术培训机构使用，同时也可作为新能源汽车从业人员学习参考书。

本系列教材采用"基于工作过程"的方法进行开发。在对新能源汽车技术技能人才岗位调研的基础上，分析出岗位典型工作任务，然后根据典型工作任务提炼了行动领域，在此基础上构建了工作过程系统化的课程体系。为方便职业院校开展一体化教学和信息化教学，为系列教材配套开发了"新能源汽车专业课程及教学资源库平台"，为每一个学习单元配套开发了教学设计、教学课件、任务工单、微课视频、VR视频、教学动画等丰富的教学资源。

本书主要包括充电装置的使用、动力蓄电池的更换与故障诊断、电池管理系统的更换与故障诊断三个学习情境，每个情境下还包含若干学习单元，本书全部内容均在实车上进行了验证。每个学习单元以实际工作任务进行导入，理论知识包含共性知识和个性知识，实践技能部分主要以吉利EV450车型为例。

本书由青岛军民融合学院孙玉章、天津职业技术师范大学孔超、青岛军民融合学院万晓峰担任主编，山东交通技师学院侯朋朋、孙伟峰，天津职业技术师范大学石培吉担任副主编，天津职业技术师范大学申荣卫、周毅，福州教育研究院高游夏担任参编。

本书在编写过程中，得到国家重点研发计划项目"网络协同制造技术资源服务平台研发与应用示范（2018YFB1703500）"的支持，为专业技能人才培养提供了丰富的资源。本书在编写过程中，天津闻达天下科技有限责任公司提供了大量设备和技术支持，在此表示衷心的感谢。在编写过程中参考了大量国内外相关著作和文献资料，在此一并向有关作者表示感谢。由于编者水平有限，难免有错漏之处，敬请读者批评指正。

天津职业技术师范大学汽车职业教育研究所
2021.2

二维码索引

名　　称	二维码	页码	名　　称	二维码	页码
1.1　吉利 EV450 纯电动轿车充电系统认知		1	2.3　动力蓄电池内部认知		67
1.2　充电设备装配与调试智能实训台认知		10	3.1　电池管理系统认知		75
1.3　吉利 EV450 纯电动轿车车载交流充电机总成认知		29	3.2　电池管理系统故障诊断		82
1.4　直流充电装置的使用		39	3.3　动力蓄电池绝缘阻值检测		89
2.1　动力蓄电池的认知		48	3.4　动力蓄电池温度管理系统故障诊断		95
2.2　动力蓄电池的更换		58			

目 录

前言
二维码索引

学习情境 1　充电装置的使用 …… 1

学习单元 1.1　交流充电装置的使用 …… 1

1.1.1　充电模式 …… 2
1.1.2　车上充电系统 …… 2
1.1.3　慢充充电方式 …… 3
1.1.4　慢充充电策略 …… 5
1.1.5　吉利 EV450 交流充电口电路 …… 5
1.1.6　电动汽车无线充电技术 …… 7
1.1.7　车辆慢充操作 …… 8

学习单元 1.2　交流充电桩的安装与调试 …… 9

1.2.1　交流充电桩的功能 …… 10
1.2.2　交流充电桩的结构 …… 10
1.2.3　电能计量模块（计费系统）…… 11
1.2.4　充电控制单元 …… 11
1.2.5　电气防护系统 …… 12
1.2.6　读卡器模块 …… 14
1.2.7　人机交互单元 …… 14
1.2.8　交流充电桩与电动汽车握手过程 …… 15
1.2.9　典型充电桩的结构 …… 23
1.2.10　交流充电桩（栓）技术要求 …… 26
1.2.11　交流充电桩的安装 …… 27
1.2.12　交流充电桩的调试 …… 28

学习单元 1.3　车载充电机的检测与更换 …… 29

1.3.1　车载充电机的分类 …… 29
1.3.2　车载充电机的结构 …… 32
1.3.3　车载充电机的工作过程 …… 33
1.3.4　车载充电机的基本参数 …… 35
1.3.5　吉利 EV450 车载充电机 …… 35
1.3.6　车载充电机的更换 …… 38

学习单元 1.4　直流充电装置的使用 …… 39

1.4.1　快充口 …… 39
1.4.2　快充充电策略 …… 40
1.4.3　快充桩的结构与工作原理 …… 42

目 录

1.4.4 直流充电桩典型电源解决方案 ……………………… 43
1.4.5 快充操作规程 …………… 44
1.4.6 直流充电口的更换 ……… 44

学习情境2 动力蓄电池的更换与故障诊断 ………………… 48

学习单元2.1 动力蓄电池的认知 ………… 48
2.1.1 动力蓄电池的作用和分类 ……………………… 48
2.1.2 锂离子蓄电池 …………… 50
2.1.3 锂离子蓄电池的结构和工作原理 ……………………… 55
2.1.4 燃料电池电动汽车 ……… 56
2.1.5 动力蓄电池认知 ………… 57

学习单元2.2 动力蓄电池的更换 ………… 58
2.2.1 动力蓄电池参数 ………… 58
2.2.2 动力蓄电池充放电特性 …… 60
2.2.3 吉利EV450动力蓄电池接口 ……………………… 61
2.2.4 新能源汽车动力蓄电池包壳体材料SMC ………… 62
2.2.5 动力蓄电池的更换 ……… 63

学习单元2.3 动力蓄电池内部认知 ………… 67
2.3.1 动力蓄电池模组 ………… 67
2.3.2 电池管理系统 …………… 68
2.3.3 动力蓄电池箱体及辅助器件 ……………………… 69
2.3.4 比亚迪E5动力蓄电池 …… 69
2.3.5 吉利EV450动力蓄电池 …… 70
2.3.6 电动汽车动力蓄电池基本要求 ……………………… 70
2.3.7 比亚迪E5动力蓄电池内部认知 ……………………… 71

学习情境3 电池管理系统的更换与故障诊断 ……………… 75

学习单元3.1 电池管理系统认知 ………… 75
3.1.1 电池管理系统的作用 …… 75
3.1.2 电池管理系统的工作方式 ……………………… 76
3.1.3 吉利EV450电池管理系统电路 ……………………… 79
3.1.4 某集中式电池管理系统功能 ……………………… 80
3.1.5 吉利EV450电池信息的读取 ……………………… 80

学习单元3.2 电池管理系统故障诊断 ………… 82
3.2.1 电压的测量 ……………… 82
3.2.2 电流的测量 ……………… 85
3.2.3 典型电动汽车电池管理系统 ……………………… 87
3.2.4 吉利EV450电池管理系统电源故障的诊断 ………… 88

学习单元3.3 动力蓄电池绝缘阻值检测 ………… 89
3.3.1 接触器状态检测 ………… 89
3.3.2 绝缘检测 ………………… 90
3.3.3 高压互锁检测 …………… 92
3.3.4 电气绝缘失效的危害 …… 93
3.3.5 动力蓄电池绝缘阻值检测 ……………………… 93

学习单元3.4 动力蓄电池温度管理系统故障诊断 …… 95
3.4.1 动力蓄电池SOC估算 …… 95

3.4.2 动力蓄电池的均衡············ 97
3.4.3 动力蓄电池的热管理 ······ 102
3.4.4 客车动力蓄电池冷却
　　　技术 ························ 104
3.4.5 电池冷却液异常的诊断 ··· 106
3.4.6 电动水泵的更换············ 107

参考文献·· **108**

学习情境 1

充电装置的使用

学习目标

- 能通过与客户交流、查阅相关维修技术资料等方式获取车辆信息。
- 能正确利用充电适配器对车辆进行慢充操作。
- 能制订正确的交流充电桩安装调试计划。
- 能按照正确操作规范进行交流充电桩的安装与调试。
- 能正确对车载充电机引起的故障进行诊断。
- 能按照正确操作规范进行车辆快充操作。
- 能按照正确操作规范进行设备的整理。
- 能根据环保要求,正确处理对环境和人体有害的废料和损坏的零部件。

学习单元 1.1　交流充电装置的使用

情境导入

客户购买了一辆吉利 EV450 纯电动轿车,4S 店服务人员小李需要给客户演示利用充电适配器进行充电,你知道如何利用充电适配器给 EV450 轿车进行充电操作吗?

理论知识

动力蓄电池作为纯电动汽车的唯一能量来源,需要外部充电补充电能。当动力蓄电池剩余电量低于一定值时,在仪表板上会出现

1.1　吉利 EV450 纯电动轿车充电系统认知

类似图1-1-1的图标，提醒使用者应该对电动汽车进行充电。充电是指将交流或直流电网（电源）调整为校准的电压/电流，为电动汽车动力蓄电池提供电能，也可额外地为车载电气设备供电。

图1-1-1 充电提醒图标

当剩余电量低于一定值时，为保护动力蓄电池车辆会限速行驶。充电是电动汽车使用过程中必不可少的环节，充电快慢影响着电动汽车使用者的出行。根据电动汽车动力蓄电池组的技术特性和使用性质，存在着不同的充电模式。

电动汽车还可以采用换电方式，在换电站进行动力蓄电池的更换，更换时间只需要5~10min，与燃油汽车进站加油时间相当。这种方式决定了电动汽车在电能耗尽后，只需在短时间内更换电池而不用当时进行充电的优点，但该方式也受电池许多因素的限制，如电池型号是否匹配、接口是否通用等。快速换电池的方式常见于专业电动汽车电池更换站以及电池种类较为齐全的充电站。

1.1.1 充电模式

电动汽车充电模式是指电动汽车连接到电网（电源）给电动汽车供电的方法。

按照GB/T 18487.1—2015的规定，充电模式有以下四种：

1. 模式1——直接连接充电

将电动汽车连接到交流电网（电源）时，在电源侧使用了符合标准要求的插头、插座，在电源侧使用了相线、中性线和接地保护的导体。这种模式是指将交流电网通过电缆组件直接连接到车上充电设备（一般为车载充电机）。这种方式充电保护较弱，充电较慢。

2. 模式2——交流充电适配器连接充电

将电动汽车连接到交流电网（电源）时，在电源侧使用了符合标准要求的插头、插座，在电源侧使用了相线、中性线和接地保护的导体，并且在充电连接时使用了缆上控制与保护装置。这种模式是指采用交流充电适配器将电网（一般为家用电220V插座）与车上充电设备（一般为车载充电机）进行连接。这种方式费用较低，但充电较慢。

3. 模式3——交流充电桩充电

将电动汽车直接连接到交流电网（电源）时，使用专用供电设备，并且在专用供电设备上安装了控制导引装置。这种模式是指采用交流充电桩连接车辆进行充电，采用线缆组件连接车上充电设备（一般为车载充电机）。这种方式需要安装交流充电桩，充电速度较直流充电桩慢，但是有助于延长电池的使用寿命。

4. 模式4——直流充电桩充电

将电动汽车连接到交流电网或直流电网时，使用了带控制导引功能的直流供电设备。这种模式是指采用了直流充电桩连接车辆进行充电，充电时间短，但是不利于延长电池使用寿命。

1.1.2 车上充电系统

无论通过哪种充电模式，外部电网都需要通过线缆和其他设备等连接车辆，因此车上充电系统一般包括交流充电口、车载充电机、直流充电口、高压配电装置、动力蓄电池、电池管理系统等，如图1-1-2所示。

可以看出，由于外部电网供电不同，一般车上充电系统的对外接口有交流充电口和直流充电口两个，分别对应的是交流充电（慢充充电）和直流充电（快充充电）两种方式。交流充电时，外部电网接入的电能还需要车载充电机转换为能够给动力蓄电池进行充电的高压直流电。在有些车辆上直流充电口直接通过高压线缆连接动力蓄电池进行快充，如吉利EV450轿车。

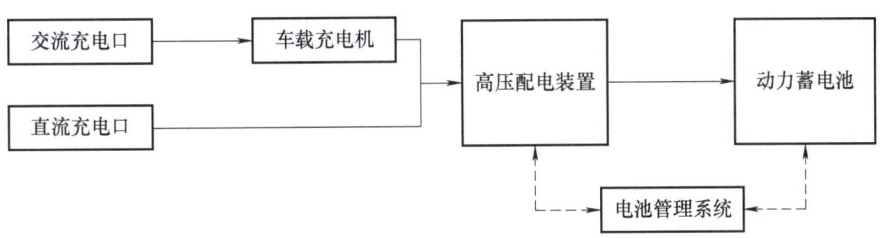

图1-1-2　车上充电系统

1.1.3　慢充充电方式

慢充充电也称为交流充电或常规充电，指用充电连接线将电动汽车和交流充电装置连接进行充电的方式。根据充电装置的不同，慢充充电又可以分为交流充电桩充电（充电模式3）和充电适配器充电（充电模式2）两类。慢充充电模式的缺点是充电时间较长，但其对充电设备的要求不高，充电器和安装成本较低，可充分利用电力低谷时段进行充电，降低充电成本，更为重要的是可对电池深度充电，提升电池充放电效率，延长电池使用寿命。充电桩交流充电为标准充电模式时（充电桩充电），在环境温度高于0℃的情况下，车辆从电量报警状态到充满电，耗时6~10h。当使用充电适配器充电时，充电功率为3kW左右，为家用标准空调插座（16A插座）所能提供的最大安全功率。

1. 交流充电桩充电

充电连接线可以直接连接交流公共充电桩和车辆，如图1-1-3所示。

图1-1-3　充电连接线

充电连接线一端是蓝色的充电枪，用来连接车辆交流充电口（慢充口），另一端是黑色充电枪，用来连接充电桩。连接车辆端的充电枪有七个端子，如图1-1-4所示。

当使用自带的充电连接线时，首先一定要将蓝色充电枪插入车身交流充电口，将黑色充电枪插入充电桩，然后打开充电桩电源（或打开计费开关）。有些交流充电桩也自带了充电连接线，可以直接连接交流充电口进行充电。

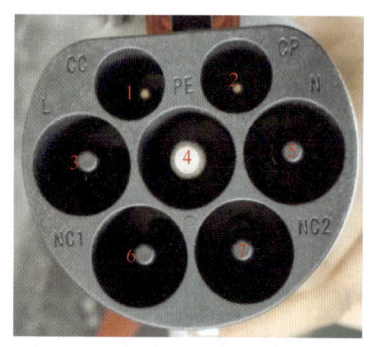

图 1-1-4　连接车辆端的充电枪端子

2. 交流充电适配器充电

交流充电适配器充电方式是使用家庭用 220V 交流电进行充电，需要将随车配置的交流充电适配器的三相插头插入家庭用电，充电枪插入电动汽车慢充接口即可进行充电，如图 1-1-5 所示。

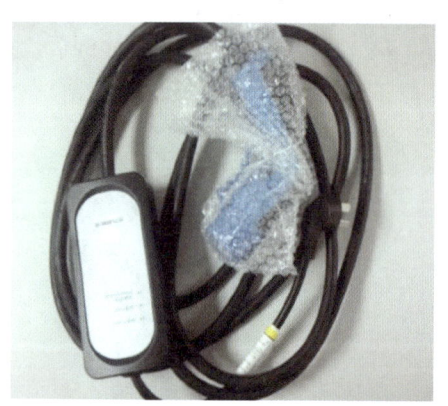

图 1-1-5　慢充适配器（充电连接线 2）

充电电流有 16A 和 32A 两种，16A 电流充电时间一般为 6~8h。32A 电流充电时间一般为 4~6h。因此用户在使用该类充电方式时一定要注意所用插座允许使用的最大电流，以免发生危险。

3. 交流充电口

采用慢充充电方式时，要将充电枪连接到交流充电口。部分车辆的交流充电口在原油箱加油口位置，也有部分车辆的交流充电口设置在车辆前部进气栅格下。吉利 EV450 轿车的交流充电口位于车辆右前翼子板处，快充口位于车辆右后原油箱盖位置。吉利 EV450 交流充电口和各个端子的定义如图 1-1-6 所示。

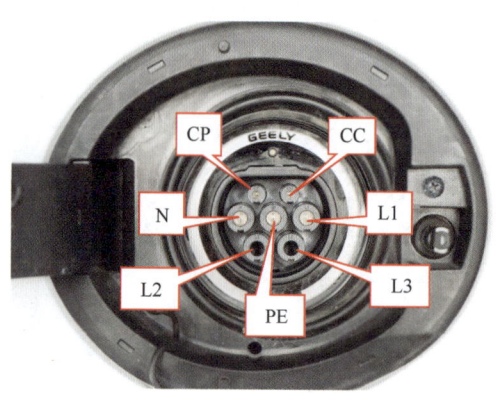

图 1-1-6　吉利 EV450 交流充电口和各个端子的定义

图中各个端子的作用如下：

CP 端：充电控制确认，该端子信号正常说明充电枪和车上系统控制信号正常。

CC 端：充电连接确认，该端子信号正常说明充电枪和车身连接正常。

N 端：家庭用电 220V 零线端，该端子为零线供电端。

PE 端：保护接地端，该端子用于接地。

L1 端：家庭用电 220V 相线端，该端子为相线供电端。

L2 端：空。

L3 端：空。

慢充时，交流电通过充电桩或者充电适配器后，经交流充电口进入车载充电系统，经线束将交流电送入车载充电机，车载充电机将交流电转化为直流电后经高压控制盒，通过高压母线给动力蓄电池充电。

4. 慢充的特点

常规慢充方式的优点：充电所需功率和

电流相对较低,充电设备成本比较低;可充分利用电力低谷时段进行充电,降低充电成本;可提高充电效率和延长电池的使用寿命。

常规慢充方式的缺点:充电时间过长,当车辆有紧急运行需求时难以满足,并且需要专门的停车场地;电池和车载充电机与车辆是一个整体,使得整车的价格相对较高。

常规慢充方式适用情况主要有:

1) 用户对电动乘用车的行驶里程要求相对较低,车辆行驶里程能满足用户一天的使用需要,利用晚间停运时间可以完成充电。

2) 由于常规慢充充电电流和充电功率比较小,因此在居民区、停车场和公共充电站都可以进行充电。

3) 规模较大的集中充电站,能够同时为多辆电动乘用车提供停车场地并进行充电。

1.1.4 慢充充电策略

锂离子电池慢充时一般采用恒压充电的方式进行,超过一定电压值时,电池物质会发生分解,影响电池的安全性。所以锂离子电池对充电终止电压的精度要求很高,一般误差不能超过额定值的1%。

对于锂离子电池,充电过程一般分为预充电阶段、恒流充电阶段和恒压充电阶段三个阶段,如图1-1-7所示。

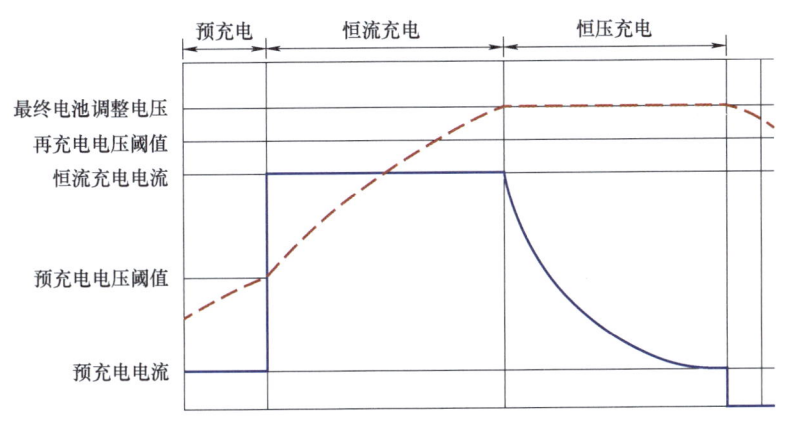

图1-1-7 慢充充电曲线

预充电阶段是电池电压较低时,电池不能承受大电流的充电,这时有必要以小电流对电池进行浮充,主要是完成对过放电的锂电池进行修复;当电池电压达到一定值时,电池可以承受大电流充电,这时以恒定的大电流进行充电,可以使锂离子快速均匀地转移。可以用以下两种方法判断是否停止恒流充电:

(1) 电池最高电压终止法 电池达到最高电压限制时,应终止恒流充电。

(2) 电池最高温度终止法 电池温度达到60℃时,立即停止充电。

随后,进入恒压充电阶段,充电电流逐渐减小,单节电池的恒压充电电压应在规定值的±1%范围变化。恒压充电的截止条件一般用最小充电电流来控制,充电电流很小时(一般为0.05C,或恒流充电电流的1/10),表明电池已充满,应停止充电。

1.1.5 吉利EV450交流充电口电路

吉利EV450交流充电口电路如图1-1-8所示。

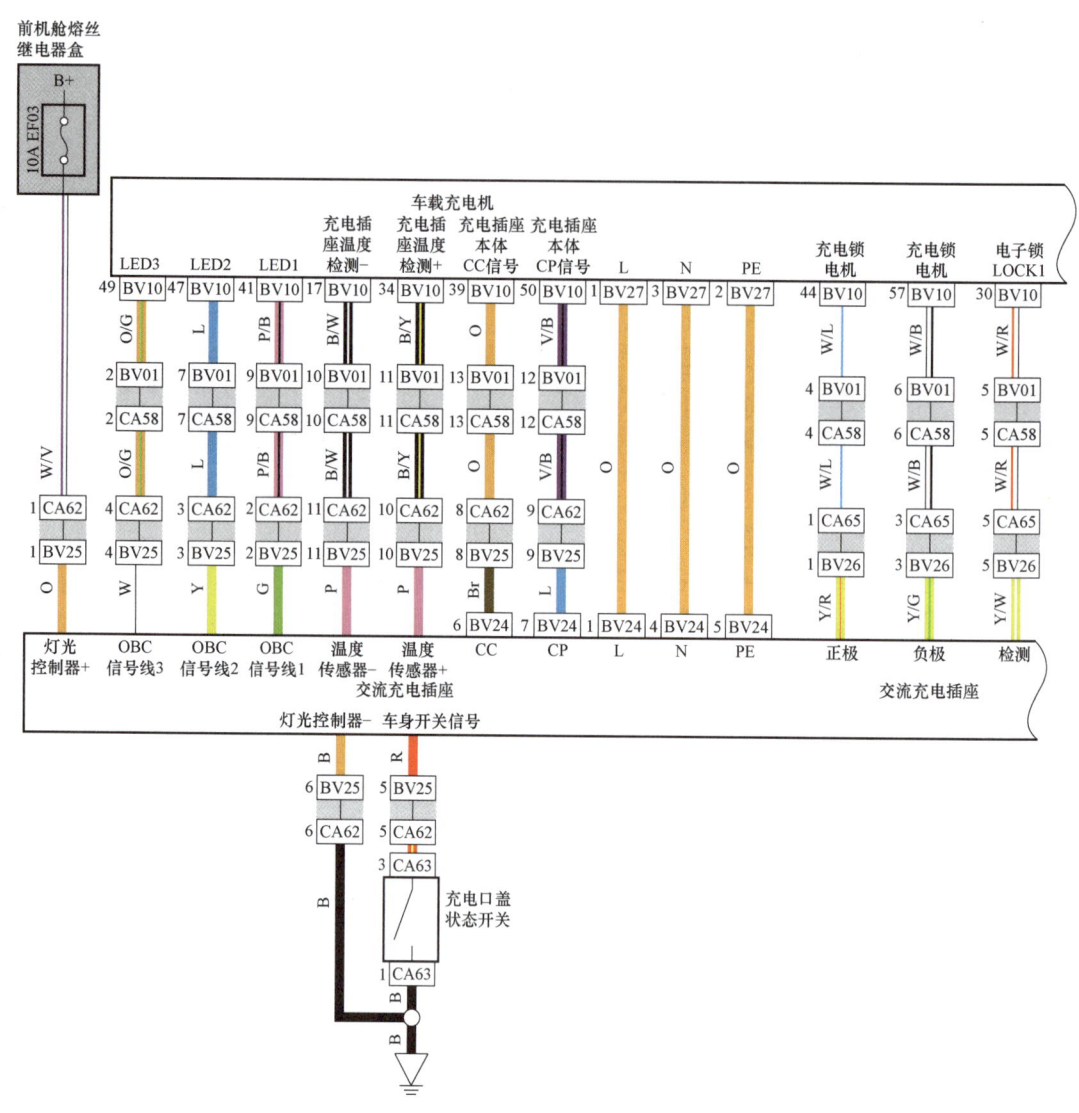

图 1-1-8　吉利 EV450 交流充电口（车载充电插座）电路

由图 1-1-8 可以看出，吉利 EV450 交流充电口与车载充电机通过 BV27-1（L）、BV27-3（N）和 BV27-2（PE）三条线束连接进行电能的输送，分别为 L1、N 和 PE。车载充电机接收到交流充电口输送来的交流电之后转化为高压直流电给动力蓄电池进行充电。

交流充电口与车载充电机之间有 BV10-49、BV10-47 和 BV10-41 三条 LED 灯控制线路，用来控制充电过程中充电口 LED1、LED2 和 LED3 灯的显示；有两条充电口温度检测电路，分别为充电插座温度检测+和充电插座温度检测-。当车上充电口未连接充电枪时，CC 信号电压为 12V，无电流；当充电枪连接车辆充电口时，CC 信号电压为 12V，高压电控总成检测该电路电阻，来确定是否连接完成以及该充电枪的额定充电功率。

充电枪上CC端子相关电路如图1-1-9所示。充电枪上CC端子与充电口CC端子对应,充电枪上PE端子与充电口PE端子对应,R与RC为电阻,S为常闭微动开关。

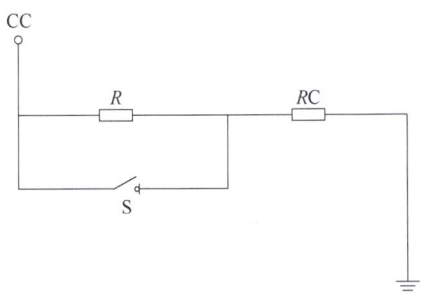

图1-1-9 充电枪上CC端子相关电路

具体过程如下：不插电时,充电口CC端子为12V且无电流。将充电枪插入时,操作人员按下充电枪按钮,开关S断开,R与RC电阻串联；当充电枪上CC端子和充电口CC端子连接后,车辆控制装备检测电路电阻为R和RC电阻之和,表示充电枪已插入但是操作人员未松开充电枪按钮。当操作人员把充电枪插到位并松开按钮时,开关S闭合,此时R电阻被短路,因此车辆控制装备检测电路阻值为RC电阻阻值,充电枪已经插好且操作人员已经离开充电枪,此时充电枪与充电口连接正常,具备充电条件。

不同额定充电功率的充电枪RC电阻阻值是不同的,具体见表1-1-1。

表1-1-1 RC阻值与充电枪不同额定充电功率的关系

额定充电功率/kW	RC阻值/Ω
3.3及以下	680
7	220
40	100

充电口上CP端子在不连接充电枪时,电压为0V；插上充电枪且未充电状态时,CP端子为9V的PWM信号；当CP端子降低为6V的PWM信号时,表示充电枪控制确认信号正常,可以进行充电。

交流充电口上还有交流充电口锁闭电动机控制电路（BV10-44和BV10-57）和锁闭状态检测信号电路（BV10-30）。充电口盖状态开关用来检测充电口盖是否锁闭,如未锁闭,则认为充电未完成,开关打开,充电口不能接地,车辆不能上电,用来防止充电过程中对车辆的误操作。

1.1.6 电动汽车无线充电技术

有线充电技术的优点是：能源转换一次性获得,电能损失小,节能环保；交直流转换一次性,不存在中高频电磁辐射；充电桩及车载充电机等充电设备技术门槛不太高,经济投入不大,维修方便；充电功率调节范围较宽,适合多种不同电压和电流等级的动力蓄电池储能补给。其缺点是：充电设备需要移动和搬运,电源引线过长,人工操作烦琐；充电站及充电设备公共占地面积过大；在人工操作过程中,极易出现设备的过度磨损等不安全性隐患。

无线充电技术的优点是：使用方便、安全,无火花及触电危险,无积尘和接触损耗,无机械磨损和相应的维护问题,可适应多种恶劣环境和天气。其缺点是：设备的经济成本投入较高,维修费用大；为实现远距离大功率无线电磁转换,能量损耗相对较高；无线充电设备的电磁辐射会对环境造成污染。

无线充电技术引源于无线电力传输技术。无线电力传输也称无线能量传输或无线电能传输，主要通过电磁感应、电磁共振、射频、微波和激光等方式实现非接触式的电力传输。根据供电距离的不同，可以把无线电力传输形式分为短程、中程和远程传输三大类。

1. 短程传输

短程传输是通过电磁感应电力传输（ICPT）技术来实现的，一般适用于小型便携式电子设备供电。ICPT 主要以磁场为媒介，利用可分离变压器耦合，通过一次和二次绕组感应产生电流，电磁场可以穿透一切非金属的物体，电能可以隔着很多非金属材料进行传输，从而将能量从传输端转移到接收端，实现无电气连接的电能传输。电磁感应传输功率大，能达几百千瓦，但电磁感应原理的应用受制于过短的供电端和受电端距离，传输距离上限是 10cm 左右。

2. 中程传输

中程传输是通过电磁耦合共振电力传输（ERPT）技术或射频电力传输（RFPT）技术来实现的，中程传输可为手机、MP3 等仪器提供无线电力传输。ERPT 技术主要是利用接收天线固有频率与发射场电磁频率相一致时引起电磁共振，发生强电磁耦合的工作原理，通过非辐射磁场实现电能的高效传输。电磁共振型与电磁感应型相比，采用的磁场要弱得多，传输功率可达几千瓦，能实现更长距离的传输，可达 3~4m。RFPT 主要通过功率放大器发射射频信号，通过检波、高频整流后得到直流电，供负载使用。RFPT 距离较远，能达 10m，但传输功率很小，为几毫瓦至百毫瓦。

3. 远程传输

远程传输是通过微波电力传输（MPT）技术或激光电力传输（LPT）技术来实现的。远程传输对于太空科技领域（如人造卫星、航天器之间）的能量传输以及新能源开发利用等有重要的战略意义。MPT 是将电能转换为微波，让微波经自由空间传送到目标位置，再经整流，转化成直流电能，提供给负载。MPT 适合应用于大范围、长距离且不易受环境影响的电能传输，如空间太阳能电站等。LPT 利用激光可以携带大量的能量，用较小的发射功率实现较远距离的电能传输。激光方向性强、能量集中，不存在干扰通信卫星的风险，但障碍物会影响激光与接收装置之间的能量交换，射束能量在传输途中会部分丧失。

1.1.7 车辆慢充操作

车辆慢充操作的流程如下：

1）打开车门。
2）打开行李舱控制开关，关闭车门。
3）打开行李舱。
4）取出交流充电适配器。
5）将充电适配器三相交流插头插到电源插座上。
6）打开交流充电口盖，将充电枪插入交流充电口，如图 1-1-10 所示。
7）等待车辆充电。
8）观察仪表板，车辆充电完成后拔下充电枪。
9）拔下三相交流插头。
10）收起交流充电适配器并放入行李

舱相应位置。

11）关闭行李舱。

12）充电完成。

图 1-1-10　将充电枪插入交流充电口

> **学习小结**

1. 充电是指将交流或直流电网（电源）调整为校准的电压/电流，为电动汽车动力蓄电池提供电能，也可额外地为车载电气设备供电。

2. 车上充电系统一般包括交流充电口、车载充电机、直流充电口、高压配电装置、动力蓄电池、电池管理系统等。

3. 慢充充电也称为交流充电或常规充电方式，指用充电连接线将电动汽车和交流充电装置连接进行充电的方式。根据充电装置的不同，慢充充电又可以分为交流充电桩充电（充电模式3）和充电适配器充电（充电模式2）两类。

4. 吉利EV450交流充电口与车载充电机通过BV27-1（L）、BV27-3（N）和BV27-2（PE）三条线束连接进行电能的输送，分别为L1、N和PE。车载充电机接收到交流充电口输送来的交流电之后转化为高压直流电给动力蓄电池充电。

学习单元1.2　交流充电桩的安装与调试

> **情境导入**

小王在新能源汽车充电桩公司工作，今天需要组装一台充电桩。你知道如何安全、规范地进行充电桩的安装与调试吗？

理论知识

1.2.1 交流充电桩的功能

交流充电桩是一种可以和交流电网相连接,通过车载充电机对电动汽车电池进行电能补给的一种安装在车外的装置。交流充电桩本身并不具备充电功能,其只是单纯提供电力输出,还需要连接电动汽车车载充电机,方可起到为电动汽车电池充电的作用。由于电动汽车车载充电机的功率一般都比较小,所以交流充电桩无法实现快速充电。单相充电桩的最大额定功率在7kW左右,主要适用于为小型乘用车(纯电动汽车或插电式混合动力电动汽车)充电。根据车辆配置电池容量,充满电的时间一般需要3~8h。三相交流充电桩的最大额定功率为43~44kW,充电较快,0.5h充电达到电池容量的80%。

交流充电桩可以实现电费计量、充电模式选择(按充电金额、时间、电量、预约定时进行充电以及自动充电等)、通信、异常状态保护等功能。

国内外目前分布式交流充电桩的设计主要有两种形式,一种是围绕智能电表开发的交流充电桩,具备智能电表通信的相关软、硬件接口以及智能电表与充电桩主板之间沟通的通信协议,实现智能电表的费用统计、电量统计以及通信等功能;另一种是围绕电能计量芯片开发的交流充电桩,能够进行电能费用计量、充电进程管理。

对充电桩的基本要求:充电桩必须能够提供稳定的交流电源,并具有操作简单、电量计量准确、无人值守及自动收费等功能。技术相应指标有:

(1)功能需求 充电桩因直接与用户接触,故外形需要有满足大众舒适操作的尺寸,其次是操作界面应该简单易懂,在界面中能够很方便地选择充电方式、了解充

1.2 充电设备装配与调试智能实训台认知

电状态及充电费用与耗时等信息。充电桩通常安置于室外,所以其外壳需要是防腐、防水的材料,并且充电桩应该有基于充电安全保护的安全防护系统。

(2)工作条件 工作环境温度:-20~50℃,工作环境湿度:低于95%,电能计量精度:1.0级(计费标准可按照浮动峰谷电价进行调整)。

(3)主要电路参数

输入/输出交流电压:AC[220×(1±20%)]V。

频率范围:[50×(1±0.5%)]Hz。

输出功率:7kW。

输出电流:32A。

1.2.2 交流充电桩的结构

交流充电桩硬件结构框图如图1-2-1所示,其中核心控制器是交流充电桩硬件系统的处理信息与控制的关键部分,需要其具有丰富的外设资源和强大的计算能力。微处理器通过接口与人机交互系统进行通信。交易结算模块由RFID读写器和MI卡组成,核心控制器通过SPI与RFID读写器进行数据传输,完成用户身份识别和费用结算收缴功能。电能计算模块将获取到的充电电流、电压和电量等参数,通过接口与微处理器进行数据传输。网络通信模块采用具有4G无线数据传输功能的模块,微处理器通过接口与

网络通信模块进行数据的发送和接收，硬件系统数据与 4G 网络双向透明传输。控制导引模块负责监测充电接口的状态，核心控制器通过该模块输出 PWM 信号与电动汽车车载充电机进行通信。安全防护模块由急停开关和漏电保护器组成，微处理器通过 IO 端口与电磁继电器连接，电磁继电器控制交流接触器的闭合与断开，微处理器持续监测急停开关、剩余电流动作保护器的运行情况，在发生紧急情况时迅速报警。

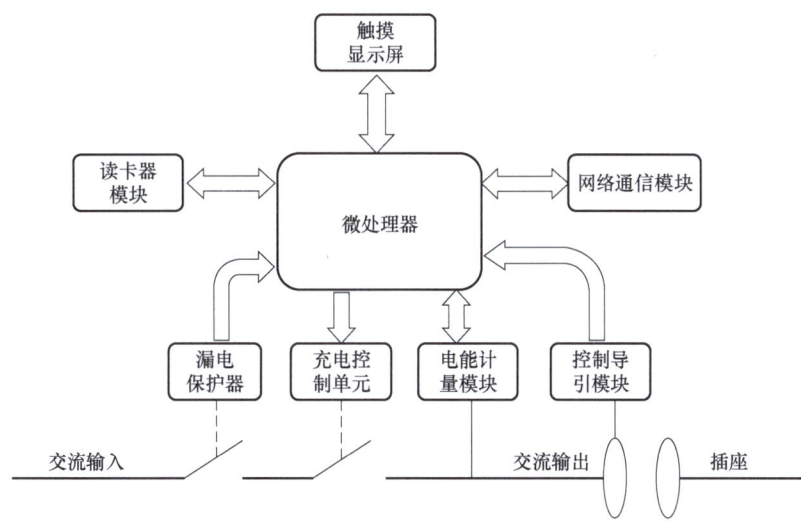

图 1-2-1　交流充电桩硬件结构框图

1.2.3　电能计量模块（计费系统）

市面上流行的电能表主要分为感应式和电子式两大类，感应式电能表利用了电磁感应，将用电过程中的电参数转化为磁力矩，进而带动计度器的转动，感应式电能表的电量计量值在意外断电的情况下会自动保存；电子式电能表是根据数模电路得到的电参数向量乘积来进行电量计量，其特点是精度高，功能全面，具有外部通信接口。

电能计量模块通常由 MCU（微控制器）、传感器（互感器）和外设电路三部分组成。其中微控制器中又包含数据运算控制处理和数据通信几个部分的功能，每当有电流通过互感器时，互感器就会将自身感应到的电流和电压传送到微控制器的端子，然后微控制器利用自带的模/数转换功能将接收到的电流模拟量和电压模拟量转换成数字量，之后再进行数据运算，将运算结果按通信协议通过微控制器的串口发送出去。其电能计量模块工作的原理如图 1-2-2 所示。

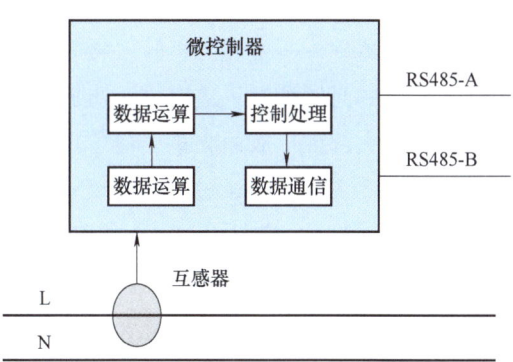

图 1-2-2　电能计量模块工作的原理

1.2.4　充电控制单元

充电控制单元控制器的端子电压仅为

3.3V，而分布式交流充电桩系统的电能可达到220V交流电，故无法直接用控制器来实现交流电的通断调控。为了实现这种用小电压（控制器端口3.3V电压）来控制大电压（交流充电桩的220V电压）的通断功能，充电控制模块中采用了串联控制型电路，一般由三级四部分组成，如图1-2-3所示，依次为：控制器端口连接光耦合器再连接交流继电器，最后连接交流接触器的串联型电路。该电路的四个部分产生三级不同信号并进行逐级的控制，利用电平转换最终实现了充电控制。

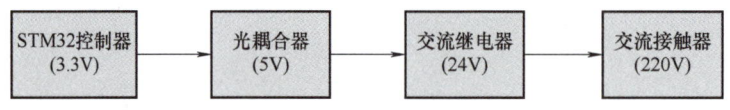

图1-2-3 串联控制型电路

从图1-2-3中可看到控制器使用其3.3V的端子来进行电压控制光耦合器，再用光耦合器的5V电压来控制24V的继电器，进而实现对220V交流接触器的控制。其中，光耦合器也称为光隔离器，是一种以光亮为媒介信号的光电转换器件，其把输入端的电信号转化为光信号，然后再耦合到输出端，再转换为电信号输出的一种器件，也正是由于它的这种结构，使得光耦合器的输入端、输出端相互并未直接连接，再加之电信号传输具有单向性，因为具有很好的抗干扰和电绝缘特点，因而广泛应用于各种电路中。光耦合器由三部分组成，分别是电信号驱动的发光器件——发光二极管，接收光而产生光电流的光探测器，还有进一步放大输出的信号放大部件。故而光耦合器可以将控制器端口的3.3V电压经过放大至5V电压输出，不仅如此，它还充当了控制器和220V交流电的隔离装置。紧接着连接的是24V的继电器装置。继电器本身就是一种利用小电流实现大电流控制的器件，它不仅可以作为控制电路的一种开关，也是一种电路的保护调节装置。继电器的种类非常多，分类细致，在本设计中，选用的是直流隔离型固态继电器。将光耦合器5V输出电压放大后得到24V电压，并在充电控制模块三级串联电路中实现输入、输出的电隔离功能。充电控制模块三级串联电路的最后一级是220V的交流接触器装置。交流接触器的工作原理是利用线圈通电产生磁场进而吸引铁心带动触片使得触点闭合完成电路连通。当断电时，电磁场消失，进而释放触片，触点断开从而断开电路。和继电器类似，交流接触器也是通过转换来实现的控制电路。但是通常继电器用于电流较小的电路，而接触器用于较大电流电路中，也因为接触器中配备的有灭弧罩，故而更适合用在电流较大的电路中。

1.2.5 电气防护系统

充电桩是一个综合的电气设备，在其工作时有可能会发生电路的短路或者漏电现象；充电桩的安装地点有可能是裸露在户外的，因而其电气设备也有遭雷击或者水淹的可能，为了在发生这些意外时充电桩自身具有一定的保护功能，因此需要设计电器防护单元。设计的思路分为两部分，一部分是由断路器、电涌保护器、漏电保护器组成的电器硬件保护部分，另一部分是由中断程序实现的电器软件防护部分。其防护流程如

图 1-2-4 所示。

其中故障分析和保护流程如图 1-2-5 所示。

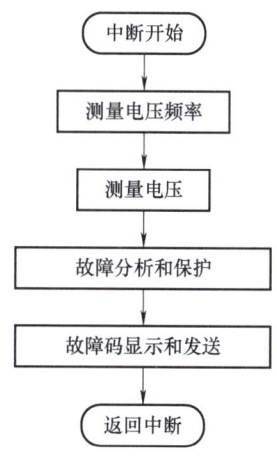

图 1-2-4 防护流程

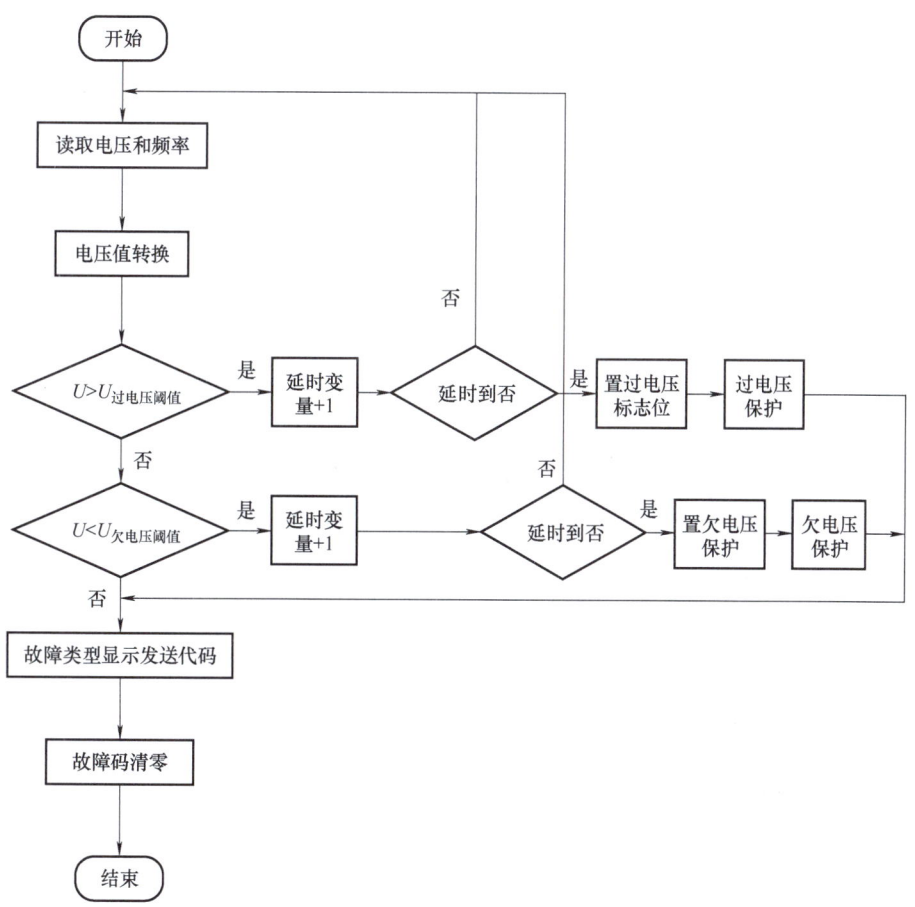

图 1-2-5 故障分析和保护流程

在对电动汽车进行充电时，控制系统会监测充电电压的数值，判断其是否电压过高或者电压过低。在这里，瞬时电压不能作为程序评判电压是否正常，应在发现电压异常并且持续一段时间后才做出反应。如程序的判断结果为电压异常并已经持续一段时间，那么充电控制系统将马上执行相关的故障措施，并立即上报故障信息。

1.2.6 读卡器模块

智能卡是一种将微芯片嵌入塑料卡中制作而成的，是可以实现相应结算功能的卡，其内包含一个微电子芯片，使用时通常需要和读写器进行数据交换。智能卡又称为 IC 卡，是目前使用最普及、应用最广泛的自动交易结算工具。根据不同的角度，IC 卡也有很多不同的分类。根据镶嵌芯片的不同，IC 卡可以分为存储卡、逻辑加密卡和 CPU 卡以及超级智能卡四种不同类型。其中存储卡上集成了译码电路以及可以进行编程的只读存储器 EEPROM，虽然卡片使用简单，价格相对低廉，但由于本身不具备保密功能，在安全性能上是最差的；逻辑加密卡是在存储卡的基础上，加入了加密逻辑单元，在读写智能卡的时候都会对其进行验证，成本也相对低；CPU 卡的内部包含了微数据处理器单元（CPU）、输入和输出接口单元、存储单元（RAM、EEPROM 和 ROM），该卡常用在保密级别比较高的地方，比如军事或金融；超级智能卡是在 CPU 卡的基础上增加了一些外设，如显示屏（液晶）、供电电压、键盘，甚至指纹识别等。根据交换界面的不同，又可以将智能卡分为以下三种：接触式智能 IC 卡和非接触式智能 IC 卡，还有双界面片。其中接触式智能 IC 卡是通过 IC 卡的触点与读写设备（IC 刷片机）的触点相接触来完成数据交换操作的；非接触式智能 IC 卡则是通过卡内的 RFID 电路通过非接触的方式来进行相应的数据交换，从而完成读写的；双界面片则是将前两种片（集成接触式和非接触式）组合在一张智能卡中实现的。综合上述分析，本设计最终决定采用目前比较常见的非接触式的智能 IC 卡来进行交易结算。该卡包含了接触式智能卡的优点，除了加密单元和存储单元，同时还加入了 RFID 电路，使它具有操作简单、安全性能高、抗干扰能力强、可用于多种结算系统等特点。因此智能 IC 卡是充电桩系统理想的交易结算方式。充电桩的交易结算主要是要实现用户身份识别、费用收取、交易信息处理以及用户账户管理的功能，这就需要 IC 卡及读写模块和控制系统都具有一定的交易管理功能才能得以实现。

用户刷卡流程如图 1-2-6 所示。用户需要使用充电桩进行充电时，首先将 IC 卡置于刷片区域，这时交流充电桩的微处理器单元将会通过外设的读卡器模块进行片内信息的读取，并将读取的内容传输回监控系统进行验证，如果通过验证卡片有效，那么将读取用户个人的身份信息，并进行密码输入验证，若密码输入正确，则开始充电；若密码输入不正确，则跳转至首次刷卡界面。当完成充电时，提示用户进行第二次刷卡付费，并将用户的充电信息上传，最终保存在用户服务中心的存储器上。

1.2.7 人机交互单元

交流充电桩作为一个直接与客户面对面的终端设备，需要能够给使用者展现一个简洁大方、友好并且便于操作的使用界面，以此为目标和方向来进行设计，从而使产品能够更好地适应市场的需求。

及充电数据的显示功能；液晶触摸屏的触摸操作功能可以使用户通过该屏对充电参数等进行设置或查询个人费用信息等，管理员通过触摸屏操作可以对充电桩运行状况等参数进行设置和日常系统检测维护。

（2）语音提示功能　用户对充电桩进行操作的同时，对关键步骤、特别需要注意的事项进行语音提示，引导用户正确操作。

（3）指示灯的功能　用不同颜色的指示灯来反应充电桩的不同工作状态，从而让用户实时掌握充电桩是否正常工作。

（4）小票打印功能　可以在用户充电结束后将本次充电消费以小票的形式给消费者留下一个纸质凭证。

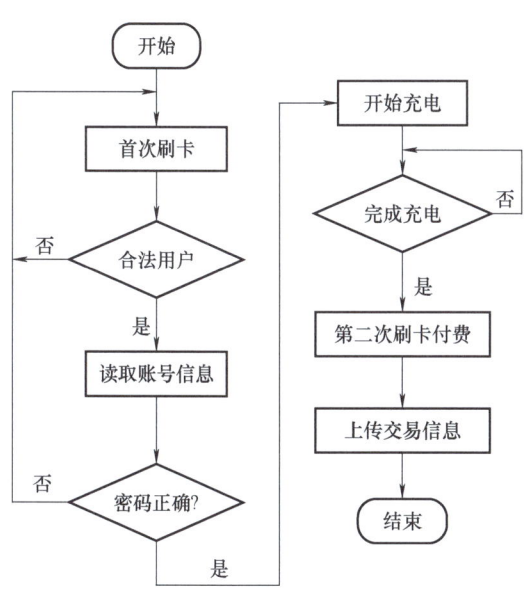

图 1-2-6　用户刷卡流程

人机交互单元包括以下四个功能：

（1）液晶触摸屏的操作及显示功能　液晶触摸屏的显示功能不但可以实时地展示出交流充电桩各个时候的运行信息，也可以显示出用户或者管理人员对信息的查询结果

1.2.8　交流充电桩与电动汽车握手过程

采用交流充电桩时，供电接口电气连接界面示意图如图 1-2-7 所示。

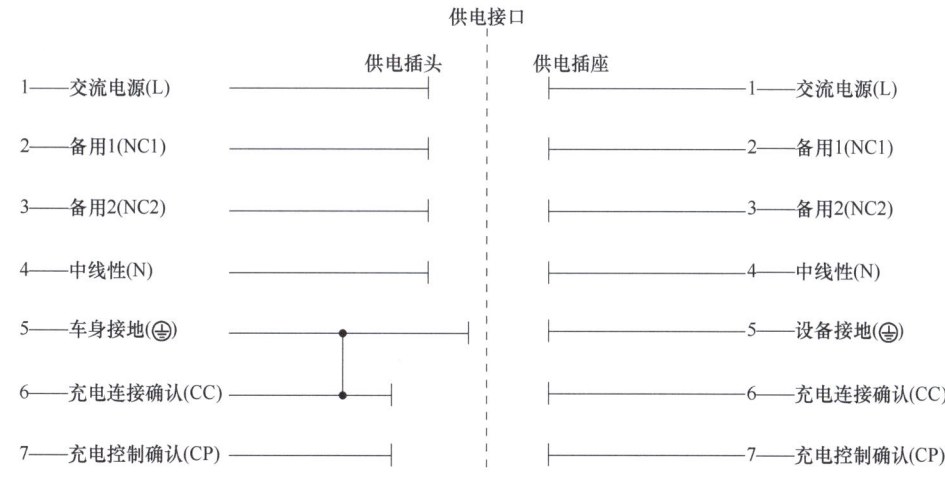

图 1-2-7　供电接口电气连接界面示意图

在充电连接过程中，首先接通保护接地触头，最后接通控制确认与充电连接确认触

头。在脱开的过程中，首先断开控制确认与充电连接确认触头，最后断开保护接地触

头。使用交流充电桩充电时,电气简图如图 1-2-8 所示。

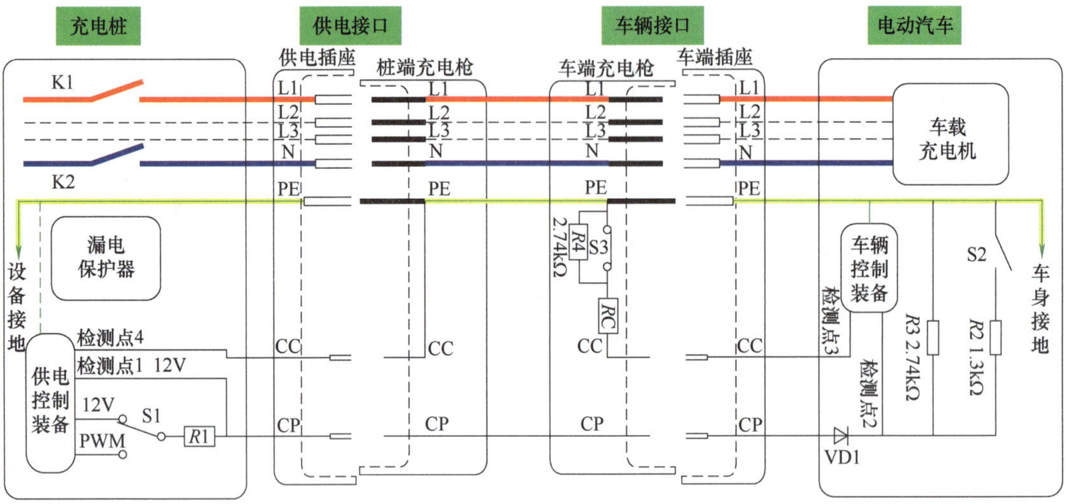

图 1-2-8 电动汽车交流充电桩充电时的电气简图

可以看出,充电桩部分包含两个接触器开关 K1、K2,分别控制 L1 和 N 线,L2 和 L3 为备用的三相交流电的另外两项;充电桩内安装有漏电保护装置,一般采用漏电保护开关;充电桩内供电控制装备用来进行供电装备相应的控制,主要有信号的发出和检测,发出的有 12V 直流电压信号和 12V 的 PWM 占空比信号,S1 开关为继电器,受控于供电控制装备。供电控制装备通过检测点 1 的电压信号确定 CP 端子外部连接情况。供电控制装备通过检测点 4 的电压信号确定插枪后 CC 连接是否正常。

供电接口部分即为同充电桩连接的充电枪,一般为黑色。接口包括 L1、N、PE 插口。现在一般充电桩上自带充电连接线,因此取消了该供电接口。

车辆接口即为同电动汽车连接的充电枪,一般为蓝色。接口包括 L1、N、PE 插口。同时,充电枪上有检测电路,该电路上有微动开关 S3,即为充电枪上的按钮。当按下按钮时,S3 开关断开,CC 与 PE 端子之间通过电阻 RC 与 $R4$ 串联后连接;当松开按钮时,S3 开关闭合,$R4$ 被短路,CC 与 PE 端子之间通过电阻 RC 连接。RC 电阻值标定了充电枪的额定充电功率。

电动汽车端安装有车载充电机、车辆控制装备及检测电路。S2 开关为继电器,受控于车辆控制装备,检测点 2 的信号确定了是否能够正常进行充电以及供电设备的最大供电电流。检测点 3 的信号确定了车辆端充电枪连接状态及充电额定容量。

充电桩与电动汽车握手具体过程如下:

(1) 充电连接线与充电桩的连接 充电桩插入充电枪前,检测点 4 悬空,具有 12V 电压;继电器 S1 处于上位,检测点 1 检测电压为供电控制装备提供的 12V 直流电压,如图 1-2-9 所示。

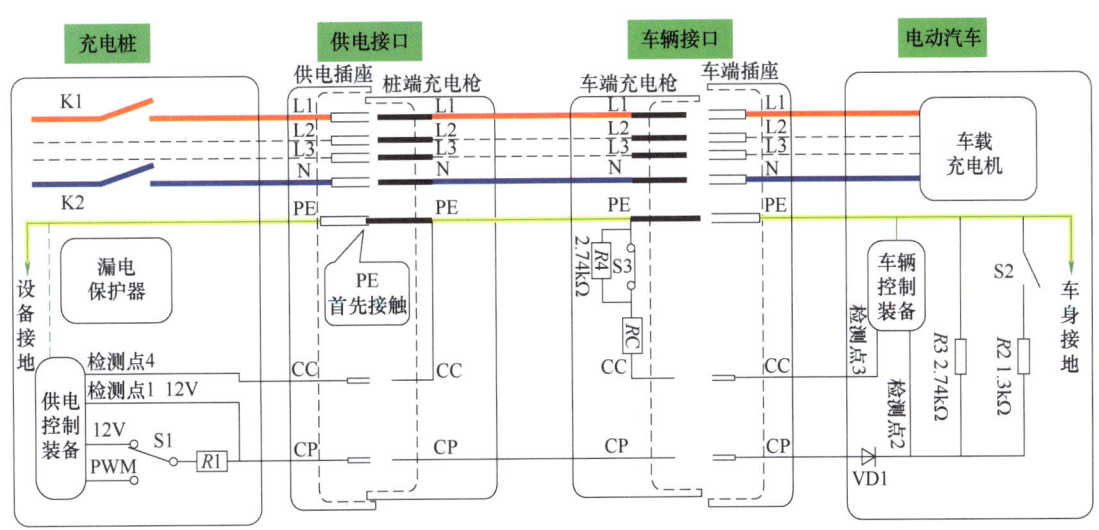

图 1-2-9　PE 端子连接

充电连接线与充电桩连接时，即将充电连接线黑色充电枪插入充电桩，为了保证操作人安全，应该首先连接 PE 端子，即首先使桩端充电枪 PE 端子插入充电桩供电插座中，这是通过设计时加长桩端充电枪端子长度实现的。

之后 L1 和 N 端子连接，如有 L2、L3 端子，此时也连接。开关 K1、K2 一直处于断开状态，因此不会发生危险，如图 1-2-10 所示。

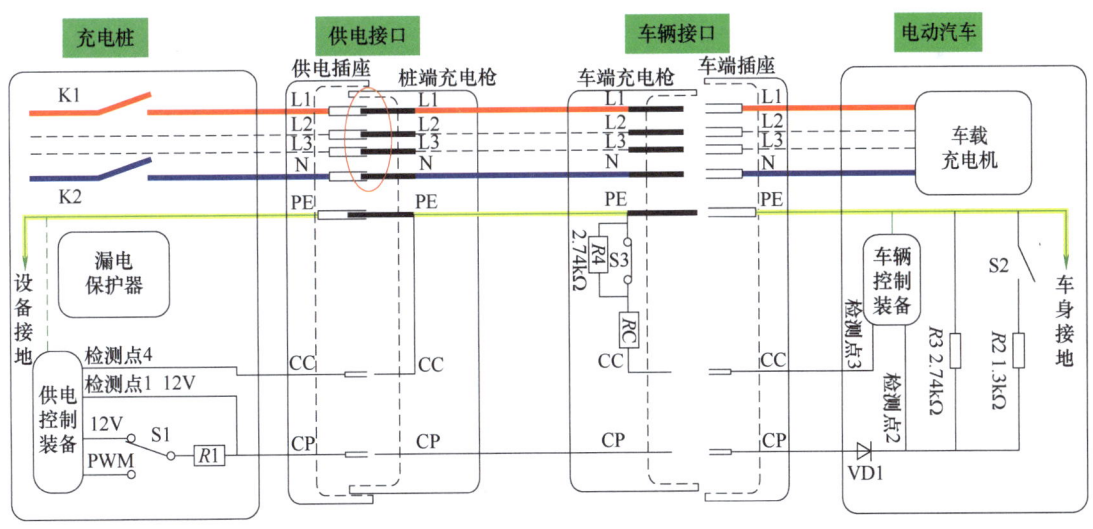

图 1-2-10　L1 和 N 端子连接

当继续插入桩端充电枪时，CC 和 CP 端子分别正常连接，充电桩供电控制装备通过检测点 4 检测 CC 端子接地，认为 CC 端子正常连接，如图 1-2-11 所示。

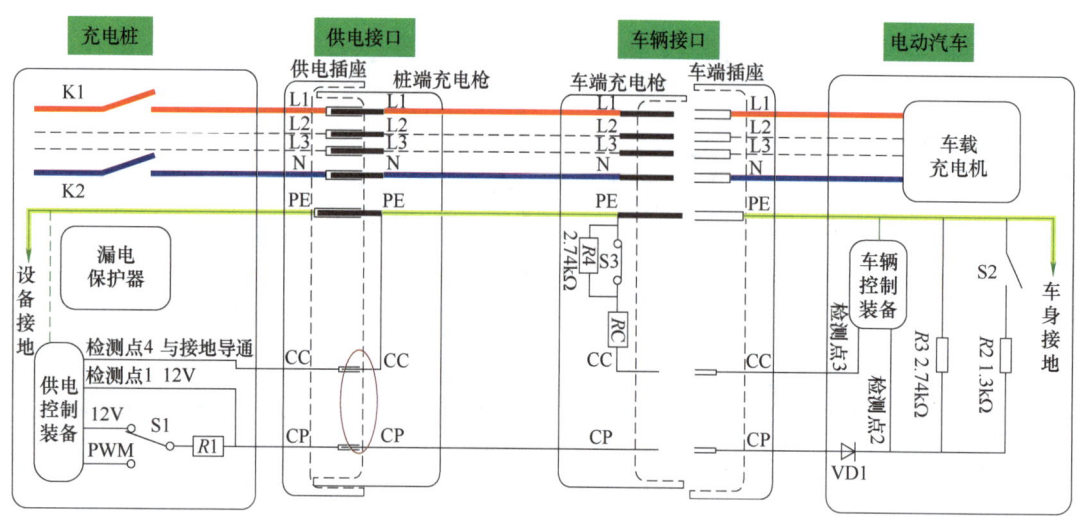

图 1-2-11　CC 和 CP 端子分别连接

（2）充电连接线与电动汽车端插座的连接　未插入充电枪时，车辆控制装置检测点检测电路断路，电阻无穷大，继电器 S2 断开。当充电连接线蓝色充电枪连接电动汽车端插座时，按下充电枪按钮，S3 开关断开；插入充电枪时，连接 PE 端子，以保证接地安全，如图 1-2-12 所示。

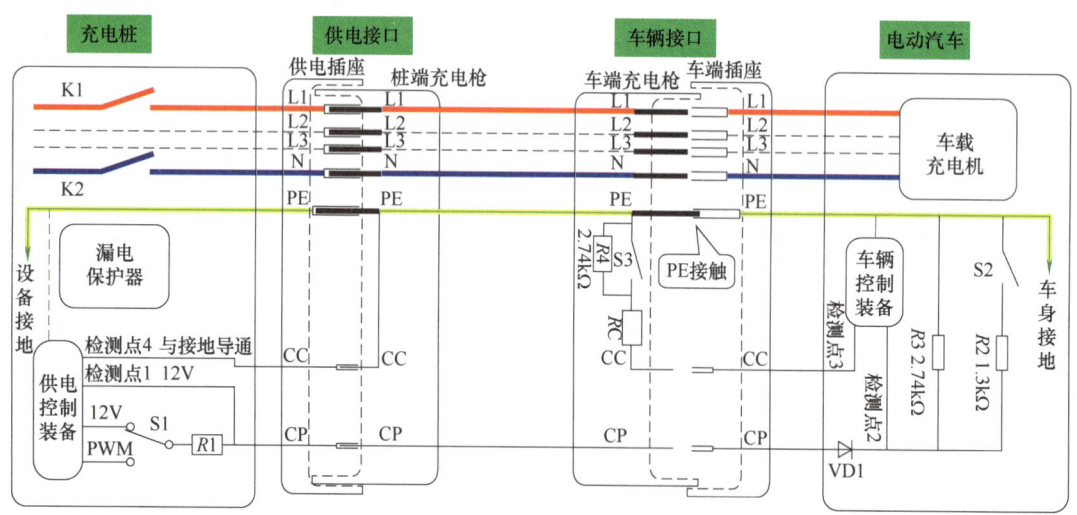

充电桩端连接完毕，车辆端充电枪连接时PE端子先接触，之后L、N端子接触

图 1-2-12　充电枪与车端插座 PE 连接

之后，L1 和 N 端子连接，如有 L2、L3 端子，此时也连接。开关 K1、K2 一直处于断开状态，因此不会发生危险，如图 1-2-13 所示。

继续插入充电枪，CC 和 CP 端子分别连接，但是操作人员没有松开充电枪上按钮，S3 开关处于断开状态，如图 1-2-14 所示。

学习情境 1　充电装置的使用

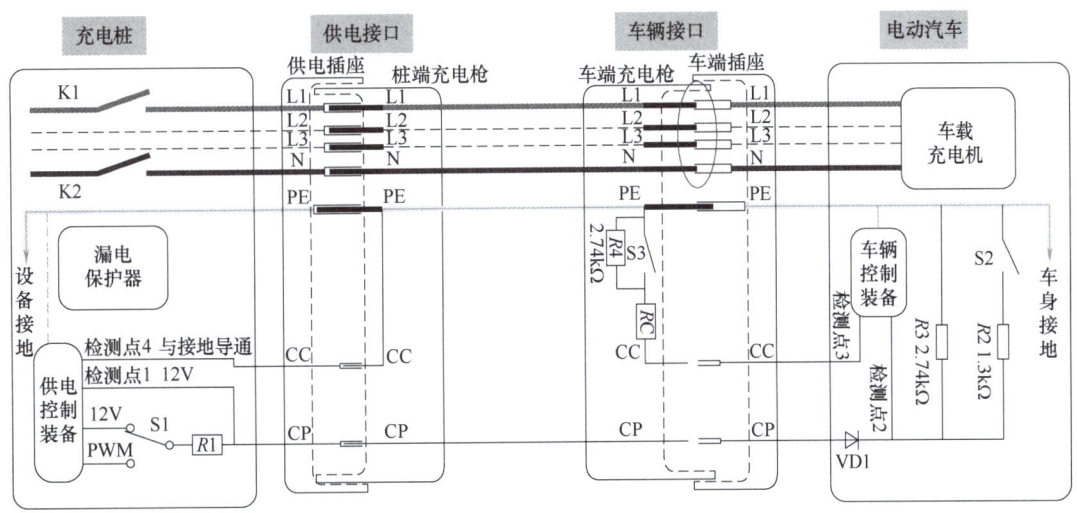

充电桩端连接完毕，车辆端充电枪连接时PE端子先接触，之后L、N端子接触

图 1-2-13　充电枪与车端插座供电电路连接

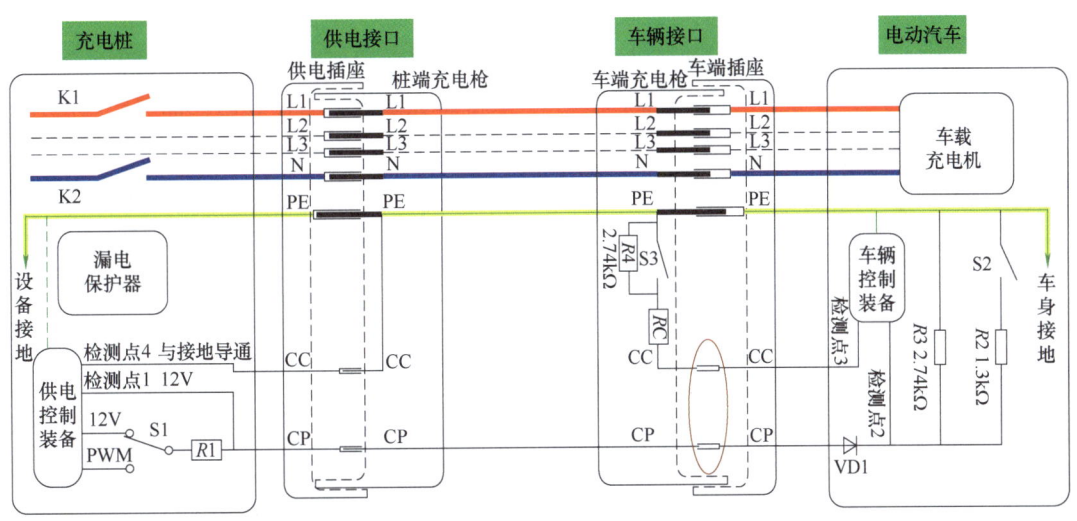

充电桩端连接完毕，车辆端充电枪连接CC、CP端子接触，S3开关处于断开状态

图 1-2-14　充电枪与车端插座 CC 和 CP 端子分别连接

此时，充电桩供电控制装备 12V 电压端子所在电路通过继电器 S1、电阻 $R1$、CP 端子及电阻 $R2$ 接地形成回路，由于 $R3$ 电阻为 $R1$ 电阻的三倍，因此检测点 1 的电压变为 9V。此时，供电控制装备认为 CP 端子连接正常，如图 1-2-15 所示。

当检测点 1 电压从 12V 变为 9V 后，充电桩检测到充电枪已连接，充电桩的 S1 开关切换到 12V PWM 信号端，即切换到图 1-2-16 中的下位，检测点 1 的信号由 9V 电压信号变为 9V 的 PWM 信号，表示充电设备进入准备就绪状态。

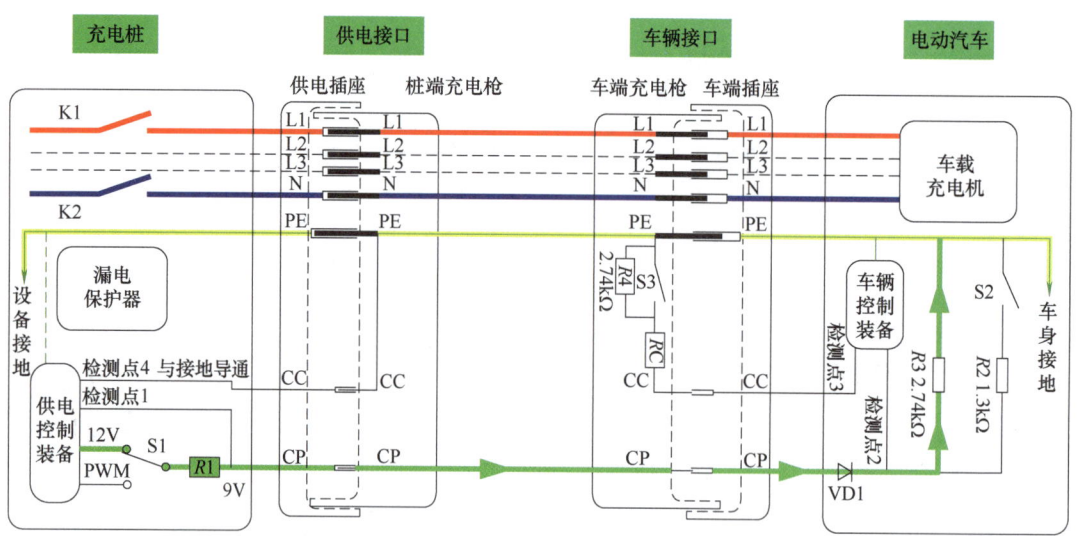

充电桩端连接完毕,车辆端充电枪连接时CC、CP端子接触,检测点1的电压由12V变为9V,充电桩检测到充电枪已连接

图 1-2-15 检测点 1 电压变化

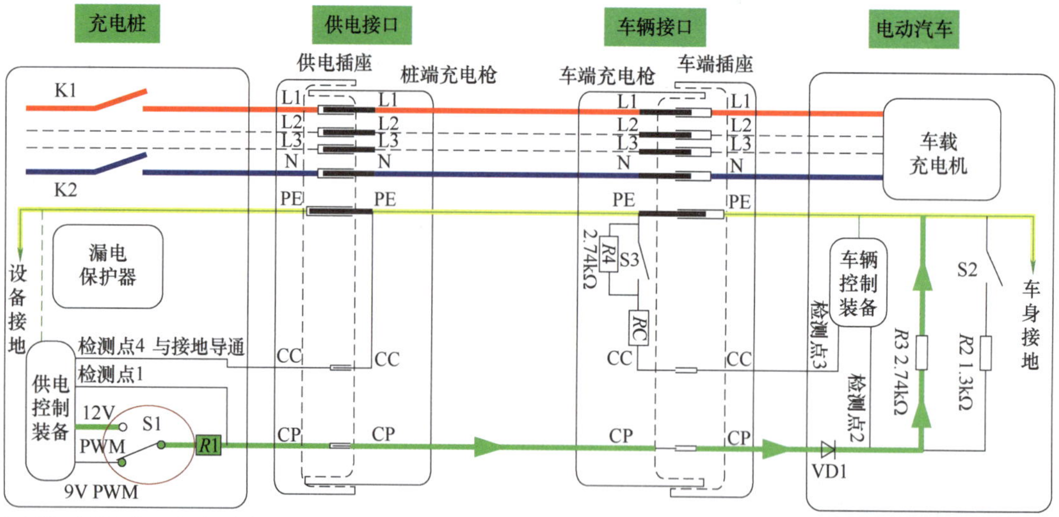

充电桩端连接完毕,车辆端充电枪连接时CC、CP端子接触,检测点1的电压由12V变为9V后,充电桩检测到充电枪已连接,充电桩的S1开关切换到12V PWM波信号端,检测点1的信号由9V直流电压信号变为9V PWM波信号,表示充电设备进入准备就绪状态

图 1-2-16 充电设备进入准备就绪状态

车辆控制装备检测点 3 检测到车辆接口 CC 端子所在电路电阻为 RC 和 $R4$ 之和,判断充电枪为半连接状态,操作人员未远离车辆或充电枪未插到位,如图 1-2-17 所示。

当充电枪插到位,操作人员松开充电枪按钮时,开关 S3 闭合,此时 $R4$ 被短路,如图 1-2-18 所示。此时,车辆控制装备检测车辆接口 CC 端子所在电路阻值为 RC 时,判断充电枪连接到位。

学习情境 1　充电装置的使用

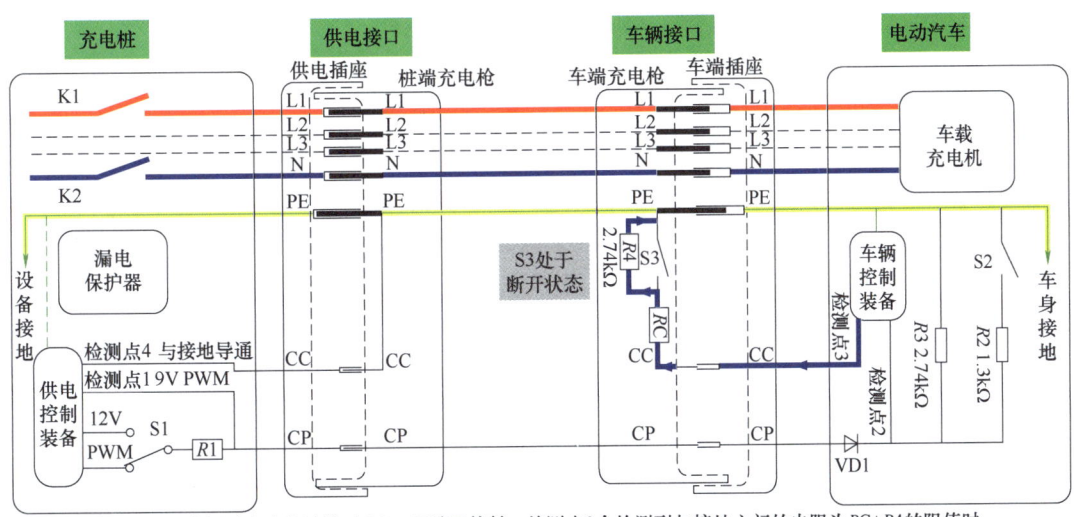

充电桩端连接完毕，车辆端充电枪连接时CC、CP端子接触，检测点3会检测到与接地之间的电阻为$RC+R4$的阻值时，判断充电枪为半连接状态

图 1-2-17　半连接状态

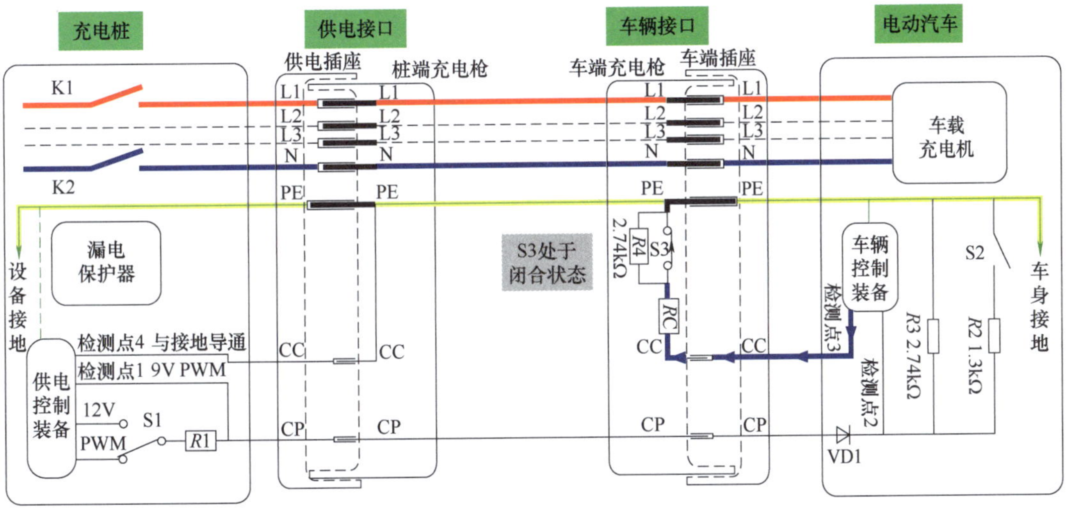

检测点3检测到与接地之间的电阻为RC的阻值时，判断充电枪为连接状态

图 1-2-18　充电枪连接正常

（3）充电使能判断　充电枪分别正常连接充电桩和车辆后，要判断是否能为车辆充电。测试充电机会根据动力蓄电池的充电需求、动力蓄电池是否有不能充电的故障时确定是否进行充电。如果有充电需求且充电机无故障，充电机会闭合继电器 S2，表示车辆准备就绪，请求充电，如图 1-2-19 所示。

当继电器 S2 闭合后，$R3$ 和 $R2$ 并联如 CP 端子所在电路中，供电控制装备检测点

1 检测到电压从 9V 的 PWM 信号转变为 6V 的 PWM 信号，充电桩判定车辆准备就绪，请求充电，如图 1-2-20 所示。

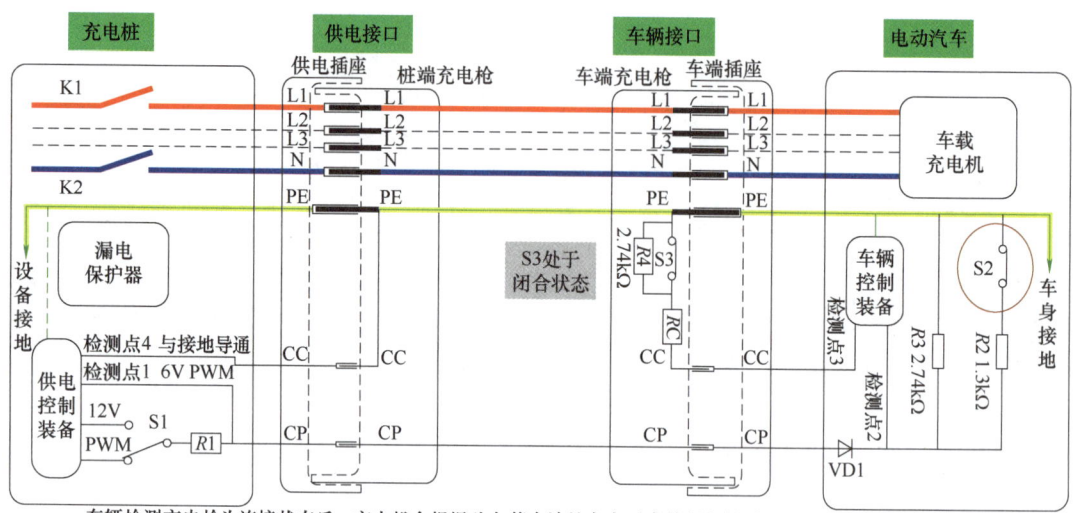

车辆检测充电枪为连接状态后，充电机会根据动力蓄电池的充电需求并判断是否有不能充电的故障时，无故障且需要充电时，充电机会闭合S2继电器，表示车辆准备就绪，请求充电

图 1-2-19 继电器 S2 闭合

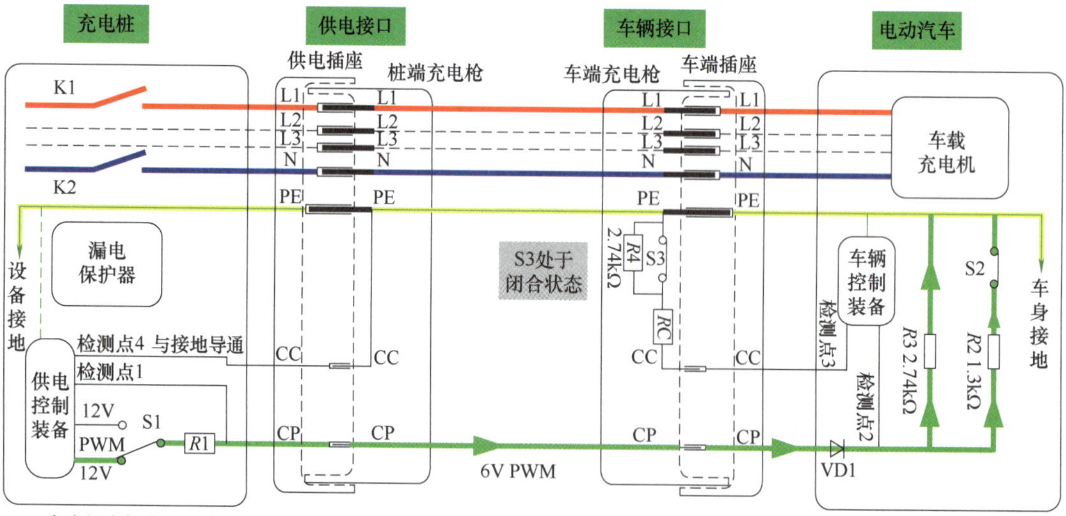

充电机会闭合S2继电器，充电桩端检测点1会从9V PWM波信号变为6V PWM波信号，充电桩检测到该信号确认车辆准备就绪，请求充电

图 1-2-20 充电使能判断

（4）正常充电 供电控制装备判断充电准备就绪后，闭合接触器 K1 和 K2，此时 220V 交流电通过 L1 和 N 电路给车载充电机供电，车载充电机进行整流升压后给动力蓄电池充电，完成握手过程，如图 1-2-21 所示。

学习情境 1　充电装置的使用

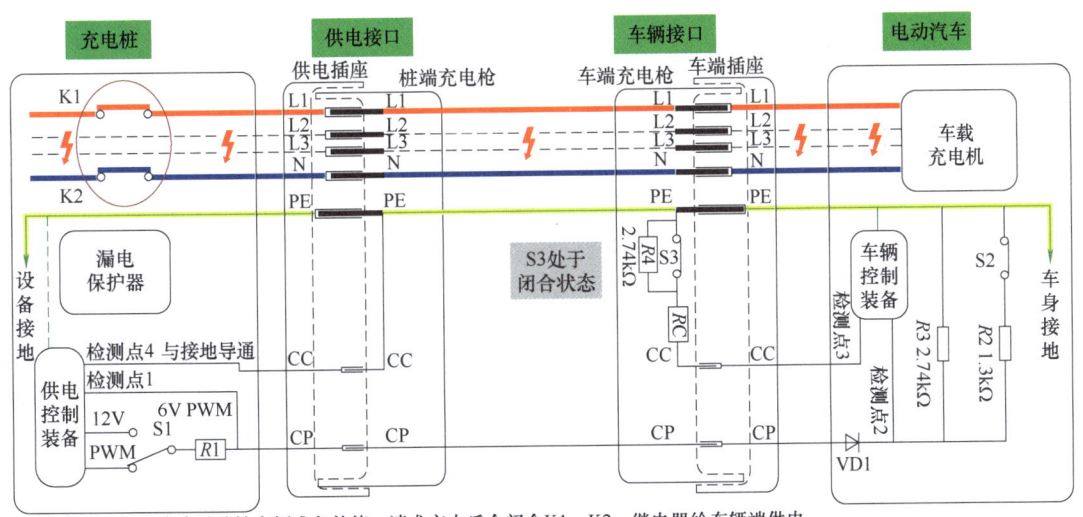

图 1-2-21　正常充电

1.2.9　典型充电桩的结构

典型充电桩包括充电桩壳体、接线排、单相断路器、智能电表、交流接触器、浪涌保护器（防雷系统）、辅助电源、主控板、显示屏、读卡器和继电器模块等。电路如图 1-2-22 所示。

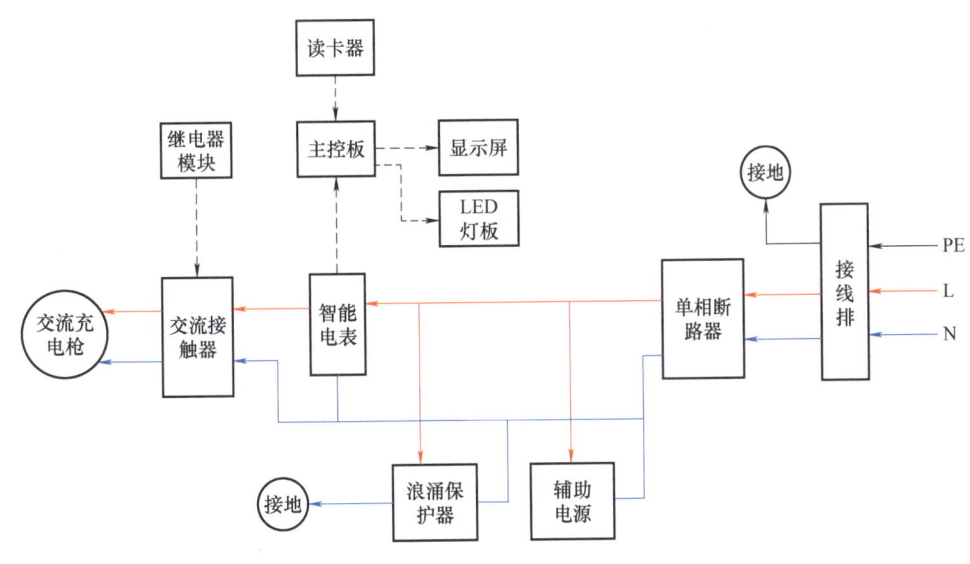

图 1-2-22　典型充电桩电路

主要模块如下：

（1）读卡器　读卡器是用来读取供电卡信息及扣费情况，端子定义如图 1-2-23 所示。

读卡器需要 5V 电源供电，因此电路中包含连接主控板的 5V 电源供电和接地端

23

子，同时还有和主控板进行通信的串行通信端子，以便于进行读取和扣费。

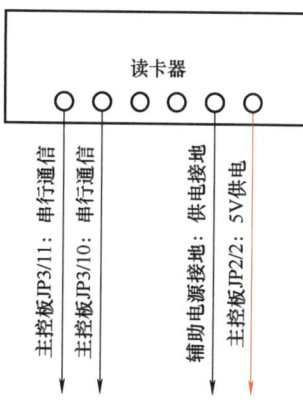

图 1-2-23　读卡器端子定义

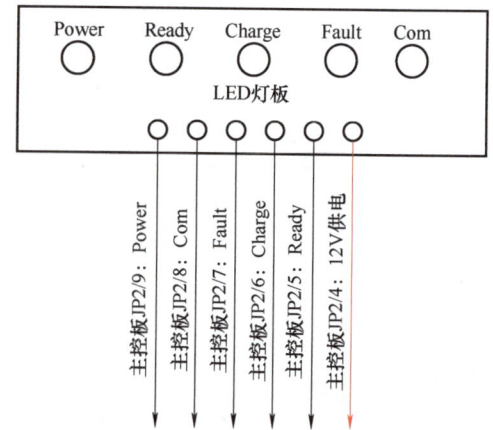

图 1-2-25　LED 灯板端子定义

（2）显示屏　显示屏显示充电状态，端子定义如图 1-2-24 所示。

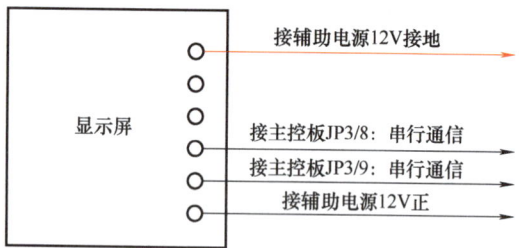

图 1-2-24　显示屏端子定义

显示屏为辅助电源 12V 供电，因此有 12V 供电和接地。同时，通过两个串行接口与主控板进行通信。

（3）LED 灯板　LED 灯板显示充电桩运行状态，端子定义如图 1-2-25 所示。

LED 灯板上有五个指示灯，分别显示供电、准备、充电、错误及通用状态。因此有 5 个信号端子加 12V 供电端子。

（4）辅助电源　辅助电源为主控板、显示屏、读卡器等部件供电，端子为 4 个，一对连接单相断路器的 L1 和 N，为辅助电源供电，另一对输出 12V 直流电，为主控板、读卡器及显示屏供电，如图 1-2-26 所示。

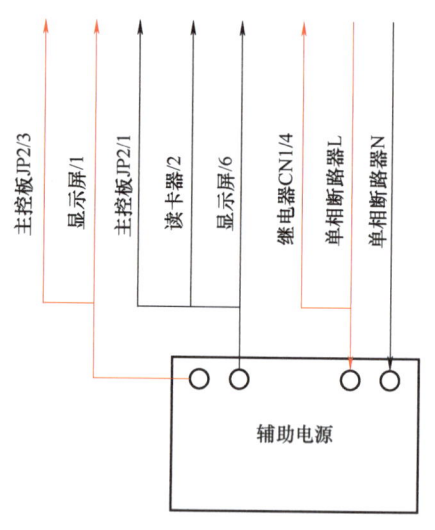

图 1-2-26　辅助电源端子

（5）继电器　继电器用来控制交流接触器，由主控板提供 12V 电源供电，并由主控板通过 CN2 口两个端子进行控制，如图 1-2-27 所示。

（6）主控板　主控板为控制系统的核心部件，有 JP1、JP2 和 JP3 三个插口，主要功能是对充电桩所有的状态和操作进行检测和控制。主控板还要检测充电枪温度和充电桩门是否安装到位。具体端子如图 1-2-28 所示。

学习情境 1　充电装置的使用

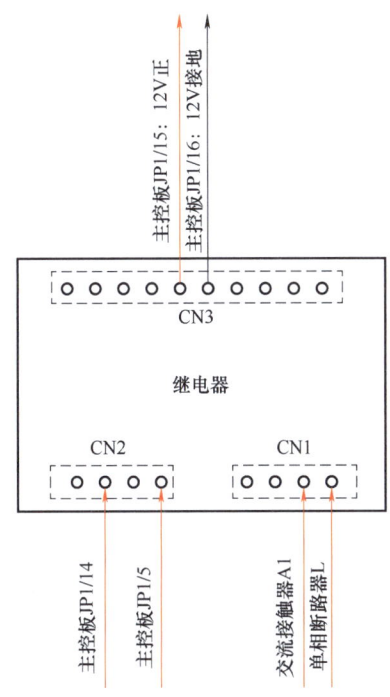

图 1-2-27　继电器模块端子

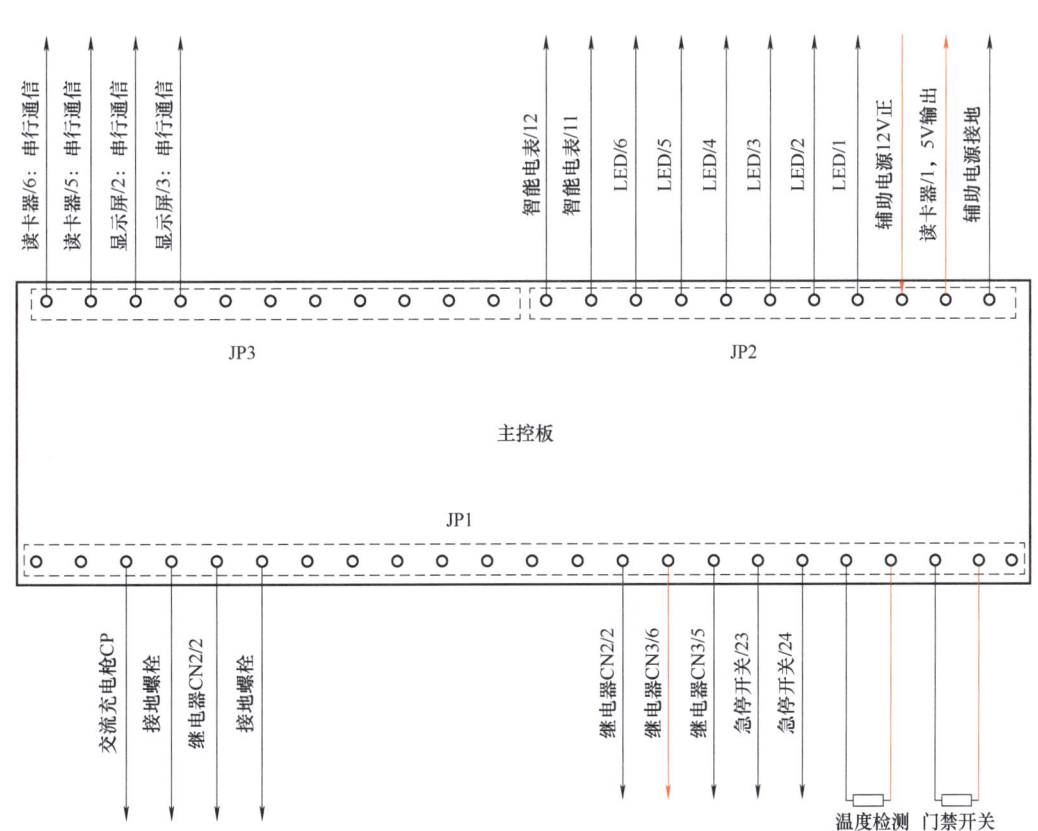

图 1-2-28　主控板端子

 拓展阅读

1.2.10 交流充电桩（栓）技术要求

1. 环境条件要求

① 工作环境温度：-20~50℃。

② 相对湿度：5%~95%。

③ 海拔：≤1000m。

④ 安装地点：户外。

⑤ 抗振能力：地面水平加速度 $0.3g$。地面垂直加速度 $0.15g$。设备应能承受同时作用持续三个正弦波，并且安全系数应大于 1.67。

2. 结构要求

① 交流充电桩壳体应坚固。

② 结构上需防止手触及漏电部分。

③ 交流充电桩应选用厚度 1.0mm 以上钢组合结构，表面采用浸塑处理，并充分考虑散热的要求。充电桩（栓）应有良好的防电磁干扰的屏蔽功能。

④ 充电桩应有足够的支撑强度，应提供必要设施，以保证能够正确起吊、运输、存放和安装设备，且应提供地脚螺栓孔。

⑤ 充电桩体底部应固定安装在高于地面不小于 200mm 的基座上。基座面积不应大于 500mm×500mm。

⑥ 充电桩体外壳应采用抗冲击力强、防盗性能好、抗老化的材质。

⑦ 非绝缘材料外壳应可靠接地。

3. 电源要求

① 输入电压：单相 220V。

② 输出功率：单相 220V/5kW。

③ 频率：(50±2) Hz。

④ 允许电压波动范围为：单相［220(1±15%)］V。

4. 电气要求

① 插头与插座正确连接确认成功后，带负载可分合电路方可闭合，实现对插座的供电。

② 漏电保护装置应安装在供电电缆进线侧。

③ 低压配电设备及电路的保护应满足《低压配电设计规范》（GB 50054—2011）中的相关规定。

④ 对 IT 系统配电电路，当第一次接地故障时，应由绝缘监察装置发出音响或灯光信号；当发生第二次异相接地故障时，应由过电流保护电器或漏电电流动作保护器切断故障电路。

⑤ 在照明配电系统中，照明和插座回路不宜由同一回路供电。插座回路的电源侧应设置剩余电流动作保护装置，其额定动作电流为 30mA。

5. 安全防护功能

① 交流充电桩应具备急停开关，可通过手动或远方通信的方式紧急停止充电。

② 交流充电桩应具备输出侧的漏电保护功能。

③ 交流充电桩应具备输出侧过电流和短路保护功能。

④ 交流充电桩应具有阻燃功能。

6. IP 防护等级

交流充电桩应遵守 IP54（在室外），并配置必要的防雨、防晒装置。

7. 三防（防潮湿、防霉变、防盐雾）保护

充电机内印刷电路板、接插件等电路应

进行防潮湿、防霉变、防盐雾处理，其中防盐雾腐蚀能力应满足 GB/T 4797.6—2013《电工电子产品自然环境条件 尘、沙、盐雾》中表 9 的要求，使充电机能在室外潮湿、含盐雾的环境下正常运行。

8. 防锈（防氧化）保护

充电桩铁质外壳和暴露在外的铁质支架、零件应采取双层防锈措施，非铁质的金属外壳也应具有防氧化保护膜或进行防氧化处理。

9. 防风保护

安装在平台上的充电机以及暴露在外的部件应能承受 GB/T 4797.5—2008《电工电子产品自然环境条件 降水和风》中表 3 规定的不同地区、不同高度处相对风速的侵袭。

10. 防盗保护

充电桩外壳门应安装防盗锁，固定交流充电桩的螺栓必须在打开外壳门后方能安装或拆卸。

11. 温升要求

交流充电桩在额定负载长期连续运行，内部各发热元器件及各部位温升应不超过 Q/GDW 397—2009 中表 2 的规定。

12. 平均故障间隔时间（MTBF）

MTBF 应不少于 8760h。

13. 安装垂直倾斜度

安装垂直倾斜度应不超过 5%。

14. 设备安装地点

设备安装地点不得有爆炸危险介质，周围介质不含有腐蚀金属和破坏绝缘的有害气体及导电介质。

 实践技能

1.2.11 交流充电桩的安装

充电桩的安装流程如图 1-2-29 所示。

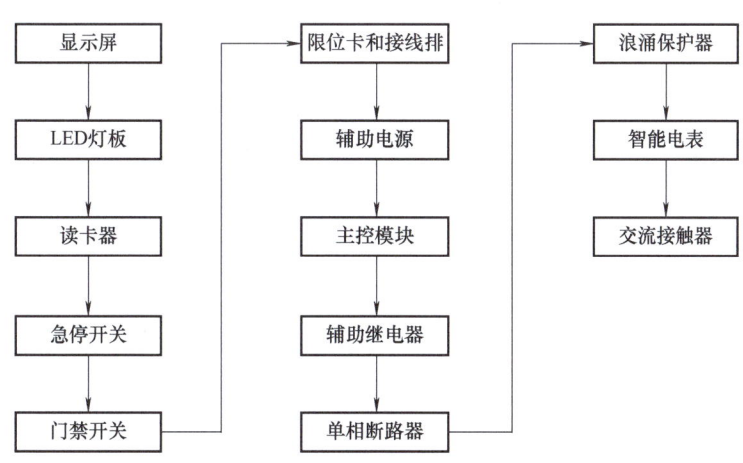

图 1-2-29 充电桩的安装流程

充电桩的安装具体流程如下：

1）准备工作，检查相关线束和充电桩柜体。

2）穿戴必要的安全防护装备。

3）安装显示屏。
4）安装 LED 灯板。
5）安装读卡器，如图 1-2-30 所示。
6）安装急停开关。

7）安装门禁开关。
8）安装限位卡。
9）安装辅助电源。
10）安装主控模块。
11）安装辅助继电器。
12）安装接线排。
13）安装单相断路器。
14）安装浪涌保护器。
15）安装智能电表。
16）安装交流接触器。
17）连接各类线束。
18）检查 L 与 N 线通断。
19）测量接地电阻值，要求小于 1Ω。
20）12V 电源线短路检查。

图 1-2-30　安装显示屏、LED 灯板和读卡器

1.2.12　交流充电桩的调试

充电桩的调试流程如图 1-2-31 所示。

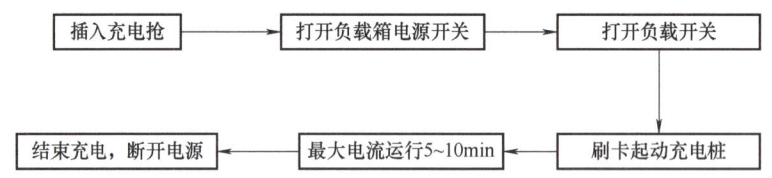

图 1-2-31　充电桩的调试流程

刷卡起动充电桩后，充电桩的操作流程如图 1-2-32 所示。

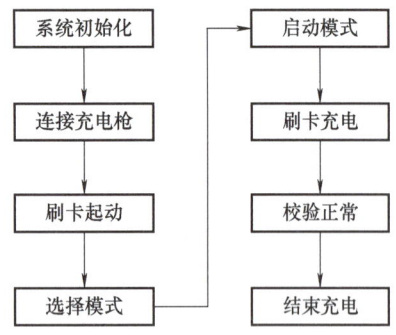

图 1-2-32　充电桩操作流程

调试具体流程如下：
1）检测供电环境是否正常。

2）未合闸时电源电压检查。
3）灯板通电检查（自检系统）。
4）12V 电源电压检查。
5）显示屏通电检查。
6）紧急停机检查。
7）刷卡通电检查。
8）参数设置：时间设置和负载设置。
9）自动充电测试（重启刷卡 3 次）。
10）按时间充电测试（1min）。
11）按金额充电测试（0.02 元）。
12）按电量充电测试（0.01 度）。
13）重启充电桩查询。
14）复位工位。

> **学习小结**

1. 交流充电桩是一种可以和交流电网相连接,通过车载充电机对电动汽车动力蓄电池进行电能补给的一种安装在车外的装置。交流充电桩本身并不具备充电功能,其只是单纯提供电力输出,还需要连接电动汽车车载充电机,方可起到为电动汽车电池充电的作用。

2. 交流充电桩控制器是交流充电桩硬件系统的处理信息与控制的关键部分,需要其具有丰富的外设资源和强大的计算能力。微处理器通过接口与人机交互系统进行通信。

3. 在充电连接过程中,首先接通保护接地触头,最后接通控制确认与充电连接确认触头。在脱开的过程中,首先断开控制确认与充电连接确认触头,最后断开保护接地触头。

学习单元1.3 车载充电机的检测与更换

> **情境导入**

一辆吉利EV450纯电动轿车,在家不能利用家用220V交流电正常充电。更换车载充电机后充电正常,故障消失。

> **理论知识**

车载充电机是固定安装在电动汽车上,将公共电网的电能转换车载储能装置所要求的直流电,并给车载储能装置充电的装置。车载充电机安装在车辆内部,其优势就是可以在车库、路边或者住宅等任何有交流电源供电的地方随时充电,功率相对较小。因为车载充电机固定在电动汽车上,所以车载充电机的参数与电动汽车电池是相配套的,只需要按照电池管理系统需求的电压电流来供给输出并限制上下限,同时也因为车载充电机安装在汽车固定位置,车载充电机除了要提供充电功能外,还应满足小型化、轻量化、高可靠性、高效率的要求。

1.3 吉利EV450纯电动轿车车载交流充电机总成认知

1.3.1 车载充电机的分类

根据结构不同,可以分为单向车载充电机、双向车载充电机和集成式车载充电机。单向车载充电机拓扑结构多样、控制简单。双向车载充电机拓扑结构简单,开关器件数目多,控制复杂,体积较大。集成式车载充电机利用了电动汽车自身驱动系统的功率放大电路部分，相对减小了体积和质量，但其性能受电动汽车功率放大电路限制。

1. 单向车载充电机

单向车载充电机利用电网电能给电动汽车充电，电流单向流动，一般具有高效率、高功率因数、体积小及成本低等特点，能满足大多数纯电动汽车和插电式电动汽车的充电需求。车载充电机设计时一般采用高频开关电源技术，拓扑结构可分为单级式结构和两级式结构。早期的单向车载充电机采用单级式结构，电路拓扑结构简单、控制方便，但是效率和输出功率不高，只适用于低速电动汽车。随着电动汽车的充电速度和充电时间等要求不断提高，电动汽车车载充电机的功率等级也越来越高，车载充电机采用两级式拓扑。

单级式车载充电机输入交流电经过AC/DC转换器转换为直流电，然后直接为电动汽车电池组充电，如图1-3-1所示。

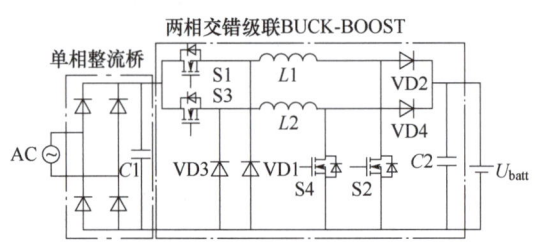

图1-3-1　单级式车载充电机

单级式车载充电机具有拓扑结构简单、体积小、重量轻、控制简单、成本低等优点；但因只有一级转换，输出电压范围较窄，其功率因数、效率等技术指标很难达到满意的效果，只适于低速电动汽车充电使用。

两级式车载充电机是在单级式拓扑的基础上增加一级DC/DC转换器转换电路，前级AC/DC转换器一般是带功率因数校正的AC/DC转换器，目的是提高车载充电机的功率因数，抑制输入电流谐波，减少对电网造成的谐波污染，同时为后级DC/DC转换器提供稳定的直流电；后级DC/DC转换器一般采用隔离式DC/DC转换器，为负载提供一个宽输出电压范围、低纹波、高质量的直流电，如图1-3-2所示。

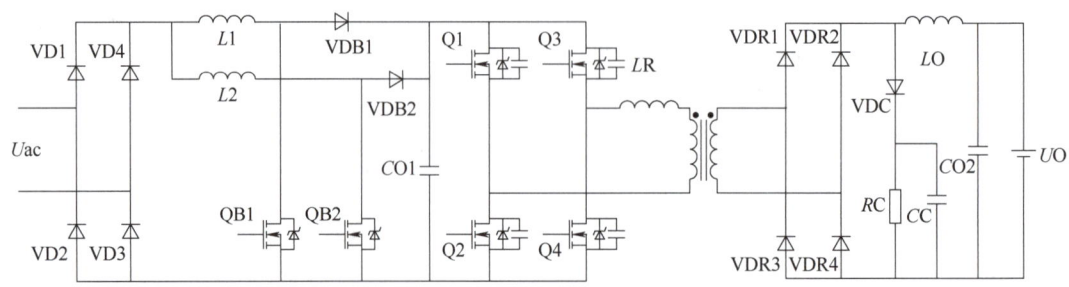

图1-3-2　某3.3kW两级式车载充电机

两级转换器可以在较宽的输入和输出电压条件下工作，适合宽负载范围充电，具有高功率密度、高效率及高可靠性的特点；但拓扑结构较单级式车载充电机复杂，器件数量多，前后两级转换器各需一个单独的控制器，性能提高的同时也增加了成本。

2. 双向车载充电机

与单向车载充电机的单一功能相比，双向车载充电机一般具有两种工作模式：电池充电模式（OBC）、汽车到电网供电模式（V2G）；功率双向流动，不仅能利用电网电能给电动汽车充电（OBC），还能将电动汽车电池的电能回馈到电网，停电期间电动汽车还能作为家庭应急电源（V2G）。因此，通过双向车载充电机，电动汽车可以帮助电网削峰填谷，发电高峰期间从电网吸收电能给电动汽车电池组充电，用电高峰期间将电动汽车电池组储存的电能回馈给电网。此外，利用双向车载充电机，电动汽车还能与风电机组、汽轮机等构建微电网系统，为未来发展智能电网的多资源协调互补利用提供依据。

双向车载充电机多采用两级转换结构，由双向 AC/DC 转换器和双向隔离 DC/DC 转换器构成，如图 1-3-3 所示。

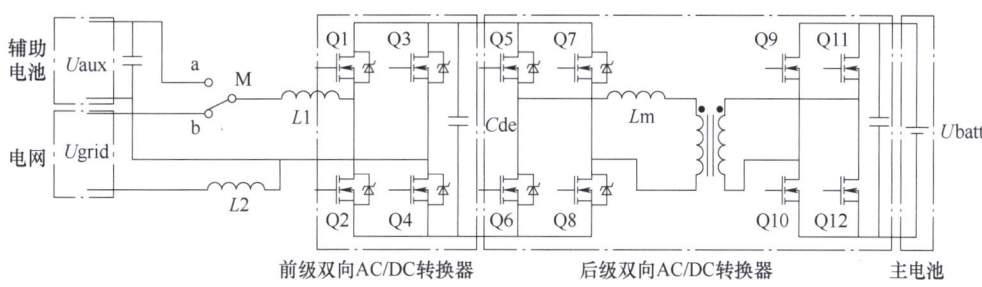

图 1-3-3　多功能车载充电机拓扑双向 AC/DC 全桥转换器

AC/DC 转换器与电网相连，充电时实现功率因数校正和整流升压，放电时实现直流母线电压降压和逆变；DC/DC 转换器与电动汽车电池组相连，主要是控制充放电电压、电流。双向车载充电机按连接的电网相数可分为单相双向车载充电机和三相双向车载充电机。

3. 集成式车载充电机

为了将车载充电机的体积、重量和成本做到最小，1985 年，首次提出将车载充电机集成到电动汽车驱动系统中，即在电动汽车原有的功率放大电路基础上，利用电机绕组、驱动逆变器等功率电子电路设计车载充电机。由于电动汽车驱动和充电不同时进行，充电时可以利用驱动系统器件，比如充电时将电机绕组用作滤波电感，驱动逆变器用作双向 AC/DC 转换器。集成式车载充电机能有效减小体积和减少成本，但其功率受电动汽车功率部件限制。此外，由于集成式车载充电机要实现驱动和充电功能，控制算法复杂。集成式车载充电机拓扑如图 1-3-4 所示。

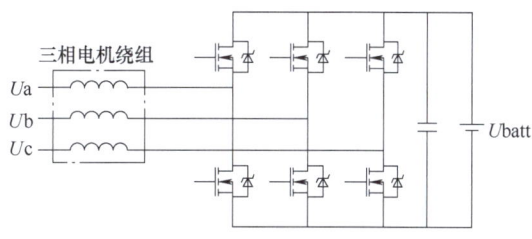

图 1-3-4　集成式车载充电机拓扑

集成式车载充电机就电动汽车和车载充电机的集成程度可以分为以下三类：

1）集成逆变器的车载充电机。逆变器在驱动工作时将动力蓄电池的直流电逆变成交流电给交流电机供电，充电工作时反向整流。集成了电机驱动逆变器，只需额外增加滤波器和 DC/DC 转换器就能完成整个车载充电机的设计。

2）集成电机绕组的车载充电机。根据交流电机绕组相数不同，需针对性地设计集成式车载充电机。集成三相交流电机绕组的车载充电机，电机绕组在车载充电机作为电感使用，如图 1-3-4 所示。

3）集成逆变器和电机绕组的车载充电机。电动汽车充电时，驱动逆变器作为车载充电机 AC/DC 转换器，电机绕组作为滤波电感，加入简单的相控整流滤波电路即可实现对蓄电池的充电功能。这种集成式车载充电机集成度更高，更有利于减小体积和减少成本，但所受限制也多，设计难度大。

1.3.2 车载充电机的结构

车载充电机由交流输入接口、功率单元、控制单元和直流输出接口等部分组成，在充电过程中宜由车载充电机提供电池管理系统（BMS）、充电接触器、仪表盘、冷却系统等低压用电电源。车载充电机的连接示意图如图 1-3-5 所示。

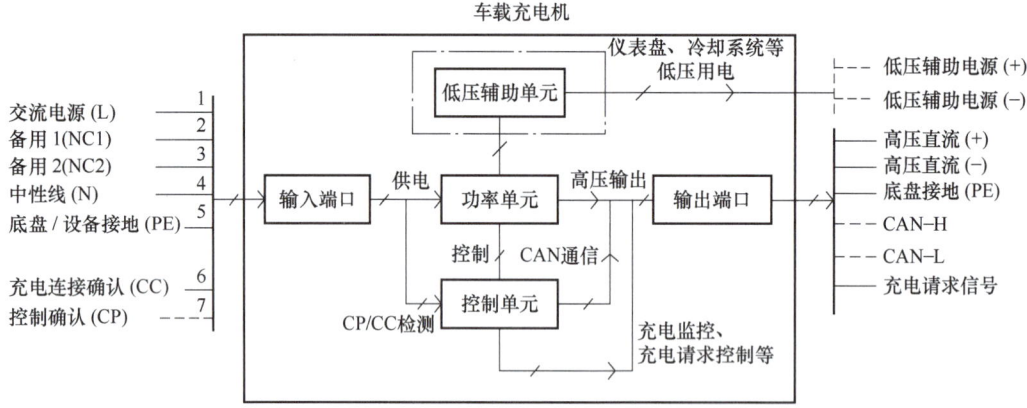

图 1-3-5　车载充电机的连接示意图

（1）输入端口　输入端口包括 7 个端子，三类连接。包括高压电源连接、高压中性线、车辆底盘接地、低压信号的充电连接确认和控制确认。标准的输入端口采用工频单相输入 220V 电压。但如果功率需要，也可以启用两个备用端子（端子 NC1、NC2），可以实现 380V 输入。

（2）控制单元　采样输出电流和电压，经过处理后将实时值传递给 PID 控制回路，由控制器比较测量值与期望值之间的差距，再将调节要求传递给 PWM 回路（PWM 技术），用脉冲宽度变化控制高压回路中功率器件开闭时间的长短，最终实现输出电流和电压，尽量接近于主控系统要求的数值。

（3）低压辅助单元　低压辅助电源是一个标准低压电源，输出电压为 12V 或者 24V，用于充电期间，给电动汽车上的用电器供电，如电池管理系统、热管理系统、汽车仪表等。

（4）功率单元　功率单元一般包括输入整流、逆变电路和输出整流三个部分，将输入的工频交流电转化成适合电池管理系统能够接受的适当电压的直流电。

（5）输出端口　输出端口包括低压辅

助电源正负极两个端子、高压直流正负极两个端子、底盘地、通信线 CAN-H 和 CAN-L（还可以有 CAN 屏蔽）、充电请求信号线。其中，高压两个端子与电池包相连；充电机的输入端口与外部电源之间完成充电连接确认以后，通过"充电请求信号"线向车辆控制器发送充电请求信号，同时或延时一小段时间后，用低压辅助电源给整车供电。

1.3.3　车载充电机的工作过程

1. 车载充电机输入

当使用车载充电机对电动汽车进行充电时，推荐使用图 1-3-6 所示的典型电路作为充电接口状态及车载充电机输出的判断装置。

车载充电机输入工作过程如下：

（1）车辆插头与插座插合，使车辆处于不可行驶状态　将车辆插头与车辆插座插合后，车辆的总体设计方案可以自动启动某种出发条件（如打开充电门，插头与插座连接或者对车辆的充电按钮、开关等进行功能触发设置），通过互锁或者其他控制措施使车辆处于不可行驶状态。

（2）确认车辆接口已完全连接　电动汽车车辆控制装置通过测量图 1-3-6 中检测点 3 的电压值，判断车辆插头与车辆插座是否已完全连接。

（3）确认充电连接装置是否已完全连接　在操作人员对供电设备完成充电启动设置后，如供电设备无故障，并且供电接口已完全连接，则闭合 S1，供电控制装置发出 PWM 信号。电动汽车车辆控制装置通过测量图 1-3-6 中检测点 2 的 PWM 信号，判断充电连接装置是否已完全连接。

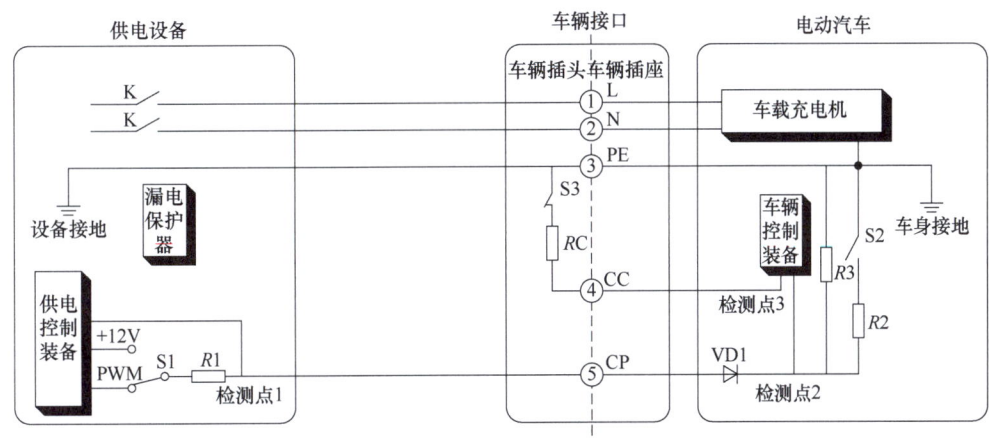

图 1-3-6　充电接口状态及车载充电机输出典型电路

2. 车载充电机输出

车载充电机输出电路如图 1-3-7 所示。

车载充电机输出工作过程如下：

（1）车辆准备就绪　在电动汽车和供电设备建立电气连接和车载充电机完成自检后通过图 1-3-6 中检测点 2 的 PWM 信号确认充电额定电流值（根据充电装置的交流电特性）。车载充电机给电动车辆控制装置发送充电感应请求信号，同时或延时（如 100ms）给车辆控制装置供电。根据充电协议进行信息确认，若需充电，则电动车辆控制装置发送需充电报文并控制充电接触器闭合，车载充电机按所需功率输出。

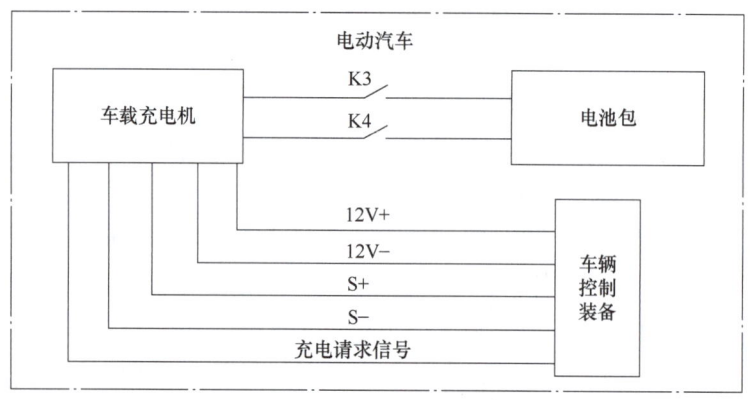

图 1-3-7　车载充电机输出电路

车辆控制装置通过判断图 1-3-6 中检测点 2 的 PWM 信号占空比确认供电设备当前能提供的最大充电电流值。车辆控制装置对供电设备、充电连接装置及车载充电机的额定输入电流值进行比较，将其最小值设定为车载充电机当前最大允许输入电流。当判断充电连接装置已完全连接，并完成车载充电机最大允许输入电流设置后，车辆控制装置控制图 1-3-7 中 K3、K4 闭合，车载充电机开始对电动汽车进行充电。

（2）充电过程的监测　在充电过程中，车辆控制装置可以对图 1-3-6 中检测点 3 的电压值 PWM 信号占空比进行监测，供电控制装置可以对图 1-3-6 中检测点 1 的电压值进行监测。

（3）充电系统的停止　在充电过程中，当充电完成或者因为其他不满足充电条件时，车辆控制装置发出充电停止信号给车载充电机，车载充电机停止直流输出、CAN 通信和低压辅助电源输出。

车载充电机的整体拓扑如图 1-3-8 所示，该结构前级选用了三相六开关 PFC 电路，提高功率因数的同时为后级提供稳定在 700V 的输入电压，后级选用全桥 LLC 谐振转换器用于输出 280～400V 的宽范围电压，利用高频软开关技术降低开关损耗。

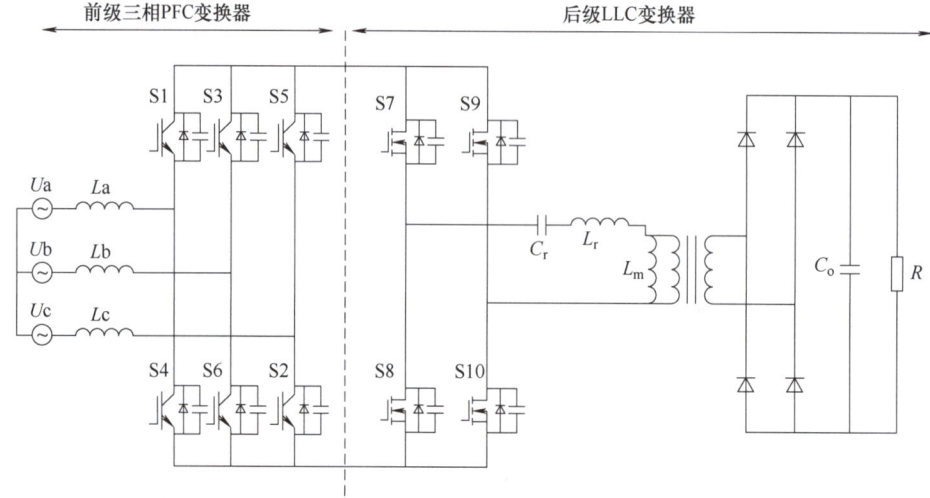

图 1-3-8　车载充电机的整体拓扑

根据车载充电机的功能要求，选用了三个不同功能的芯片，来实现不同的车载充电机功能。最终得到的充电机的主要功能结构，如图 1-3-9 所示。

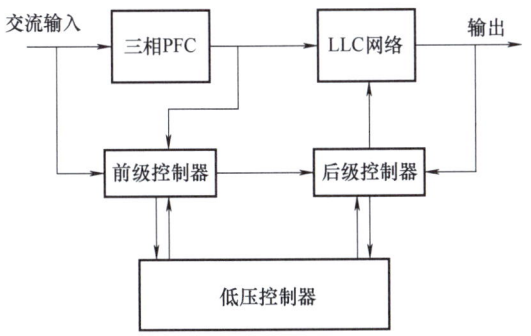

图 1-3-9 车载充电机的功能结构

1.3.4 车载充电机的基本参数

1. 充电效率

车载充电机的直流输出功率与其交流输入有功功率比值的百分数称为充电效率。

2. 输出电压误差

输出电压误差是指车载充电机实际输出电压值和输出电压设定值之间的偏差与输出电压设定值比值的百分数。

3. 输出电流误差

输出电流误差是指车载充电机实际输出电流值和输出电流设定值之间的偏差与输出电流设定值比值的百分数。

4. 额定输入电压、额定输入电流

车载充电机额定输入电压和额定输入电流见表 1-3-1。

表 1-3-1 车载充电机额定输入电压和额定输入电流

额定输入电压/V	额定输入电流/A	额定频率/Hz
单相220	10	50
	16	
	32	

注：三相输入电压、电流为可扩展方式。

5. 输出电压推荐值

将车载充电机输出电压等级按照表 1-3-2 分为 6 级。

表 1-3-2 车载充电机输出电压

输出电压等级	输出电压范围/V	标称输出电压推荐值/V
1	24～65	48
2	55～120	72
3	100～250	144
4	240～420	336
5	300～570	384/480
6	400～750	640

1.3.5 吉利 EV450 车载充电机

吉利 EV450 车载充电机参数见表 1-3-3。

表 1-3-3 吉利 EV450 车载充电机参数

项　　目	参　　数
输入电压/V	90～264
输入频率/Hz	50×(1±2%)
输入最大电流/A	16
输出电压/V	DC 200～450
输出最大功率/kW	0.6
输出最大电流/A	32
效率	≥93%
质量/kg	10.5
工作温度/℃	-40～80
冷却液类型	50%水+50%乙二醇
冷却液流量要求/(L/min)	2～6

车载充电机位于车辆动力舱内，如图 1-3-10 所示。

吉利 EV450 车载充电机和其他部件的连接如图 1-3-11 所示。可以看出，车载充电机除了通过直流母线和动力蓄电池连接外，还通过高压线束和动力蓄电池、PTC 加

热器、驱动电机控制器连接，同时还有接口与交流充电接口相连，通过低压线束和整车控制器等进行通信，同时有冷却液进、出口。

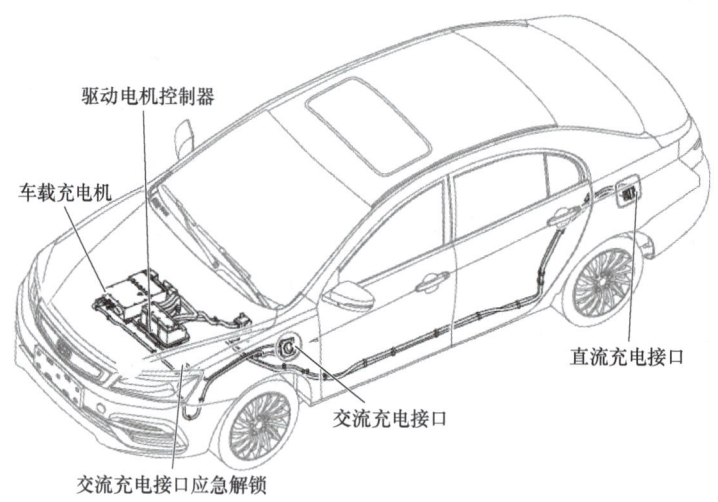

图 1-3-10　吉利 EV450 车载充电机的位置

图 1-3-11　吉利 EV450 车载充电机和其他部件的连接

1—车载充电机与驱动电机高压线束插接器　2—车载充电机与加热器高压线束插接器
3—车载充电机与驱动电机控制器高压线束插接器　4—车载充电机与交流充电插座线束插接器
5—车载充电机与驱动电机总成连接水管　6—断开车载充电机与驱动电机控制器连接水管
7—车载充电机与低压线束插接器

吉利 EV450 车载充电机与加热器高压线束插接器如图 1-3-12 所示。该插接器通过高压线束连接 PTC 加热器。

吉利 EV450 车载充电机与驱动电机控制器高压线束插接器如图 1-3-13 所示。该插接器通过高压线束连接电机控制器。

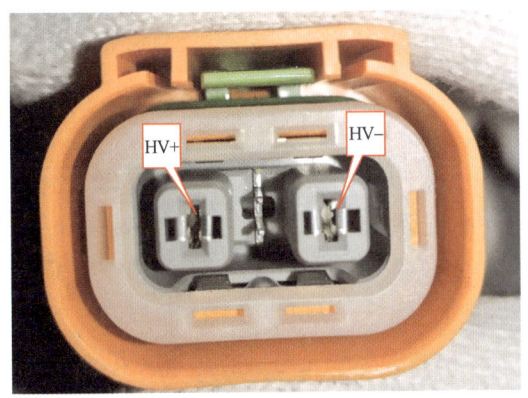

图 1-3-12 吉利 EV450 车载充电机与
加热器高压线束插接器

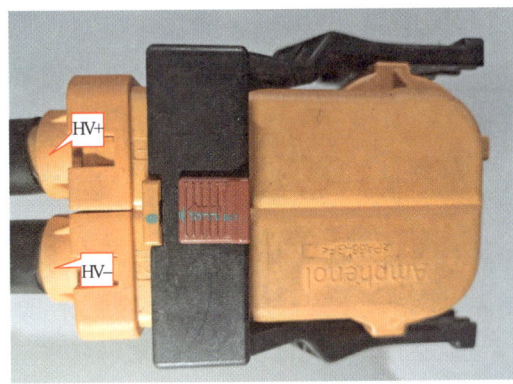

图 1-3-13 吉利 EV450 车载充电机与
驱动电机控制器高压线束插接器

吉利 EV450 车载充电机与交流充电插座线束插接器如图 1-3-14 所示。该插接器通过高压线束连接交流充电插座。

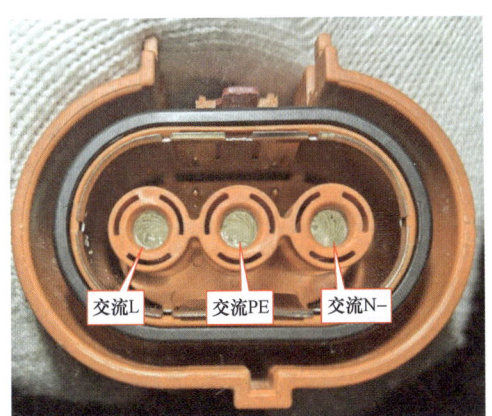

图 1-3-14 吉利 EV450 车载充电机与
交流充电插座线束插接器

吉利 EV450 车载充电机与低压线束插接器如图 1-3-15 所示。该插接器通过低压线束连接交流充电插座。

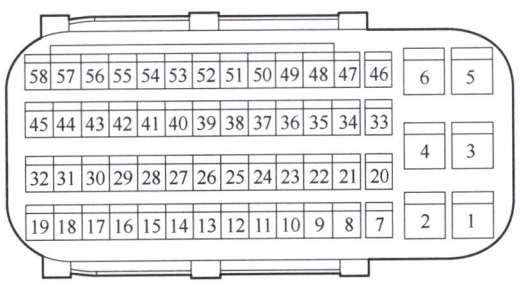

图 1-3-15 吉利 EV450 车载充电机与
低压线束插接器

各个端子的定义见表 1-3-4。

表 1-3-4 车载充电机与低压线束
插接器接口定义

端子号	定 义
4	KL30
6	接地
17	充电口温度检测 1 接地
19	唤醒
26	高压互锁入
27	高压互锁出
30	电子锁状态
34	充电口温度检测 1
39	CC 信号检测
41	对应灯具 2 脚
44	电子锁正极
47	对应灯具 3 脚
49	对应灯具 4 脚
50	CP 信号检测
54	CAN-L
55	CAN-H
57	电子锁负极

> 实践技能

1.3.6 车载充电机的更换

车载充电机的更换流程如下：

1）打开前机舱盖。
2）断开蓄电池负极电缆。
3）断开车载充电机处直流母线。
4）排放冷却液。
5）拆卸车载充电机，具体步骤如下：
① 断开车载充电机与加热器高压线束插接器。
② 断开车载充电机与驱动电机控制器高压线束插接器。
③ 断开车载充电机与交流充电插座线束插接器。
④ 断开车载充电机与驱动电机总成连接水管。
⑤ 断开车载充电机与驱动电机控制器连接水管。
⑥ 断开车载充电机与低压插接器。
⑦ 拆卸分线盒电机控制器高压线束插接器四个固定螺栓，如图1-3-16所示。
⑧ 拆卸车载充电机搭铁线。
⑨ 取出车载充电机。
6）安装车载充电机，具体步骤如下：
① 放置车载充电机，紧固四个车载充电机固定螺栓，力矩为22N·m。
② 紧固车载充电机搭铁线线束。
③ 连接车载充电机与加热器高压线束插接器。
④ 连接车载充电机与驱动电机控制器高压线束插接器。
⑤ 连接车载充电机与交流充电插座线束插接器。
⑥ 连接车载充电机与驱动电机总成连接水管。
⑦ 连接车载充电机与驱动电机控制器连接水管。
⑧ 连接车载充电机与低压插接器。
⑨ 插接分线盒侧直流母线插接器，插接时注意"一插、二响、三确认"。
7）连接蓄电池负极电缆。
8）加注冷却液。
9）关闭机舱盖。

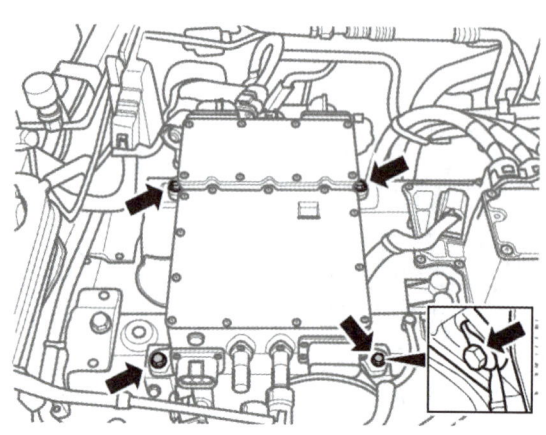

图1-3-16 拆卸四个固定螺栓

学习小结

1. 车载充电机是固定安装在电动汽车上,将公共电网的电能转换车载储能装置所要求的直流电,并给车载储能装置充电的装置。

2. 根据结构不同,可以分为单向车载充电机、双向车载充电机和集成式车载充电机。

3. 车载充电机由交流输入接口、功率单元、控制单元和直流输出接口等部分组成,在充电过程中宜由车载充电机提供电池管理系统(BMS)、充电接触器、仪表盘、冷却系统等低压用电电源。

学习单元 1.4 直流充电装置的使用

情境导入

小王在新能源汽车某 4S 店工作,今天接了一辆车,在家不能利用家用电正常充电。师傅告诉小王需要对车载充电机进行数据流读取,你知道如何安全、规范地进行车载充电机数据流的读取吗?

理论知识

按照 GB/T 18487.1—2015 的规定,充电模式 4 为直流充电桩充电,将电动汽车连接到交流电网或直流电网时,使用了带控制导引功能的直流供电设备,这种模式也称为快速充电,又称快充,也称为地面充电,通过非车载充电机采用大电流给动力蓄电池直接充电,使电池在短时间内可充至 80% 左右的电量,因此也可称为应急充电。快速充电模式的电流和电压一般为 150~400A 和 200~750V,充电功率大于 50kW。此种方式多为直流供电,地面的充电机功率大,输出电流和电压变化范围宽。但是一些小型的 7kW、15kW、20kW 的便携直流充电机虽然用的是直流充电口,但其充电速度仍属于慢充行列。

1.4.1 快充口

1.4 直流充电装置的使用

快充充电方式充电时间短,能够在较短时间给动力蓄电池补充大量电能。目前,直流充电桩可以提供 100A 的充电电流。一般直流充电桩带有充电连接线,如图 1-4-1 所示,可以连接车辆的快充口进行直流充电。

快充充电桩连接线一端是蓝色的充电枪,用来连接车辆。连接车辆端的充电枪有九个端子,对应车身上快充充电口的九个端子槽。对吉利 EV450 轿车采用快充充电方式时,要将充电枪连接于车辆右后部充电口,端子定义如图 1-4-2 所示。

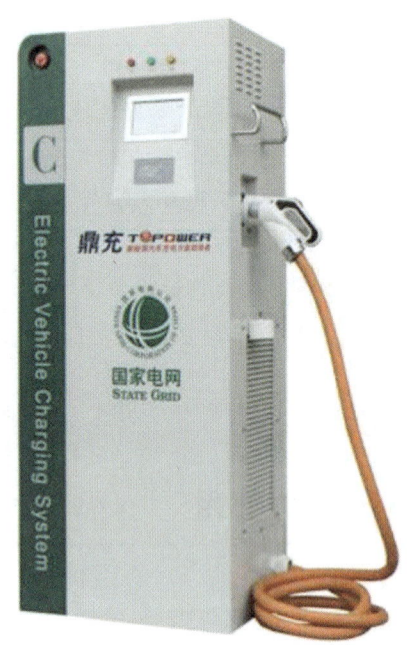

图 1-4-1 直流充电桩

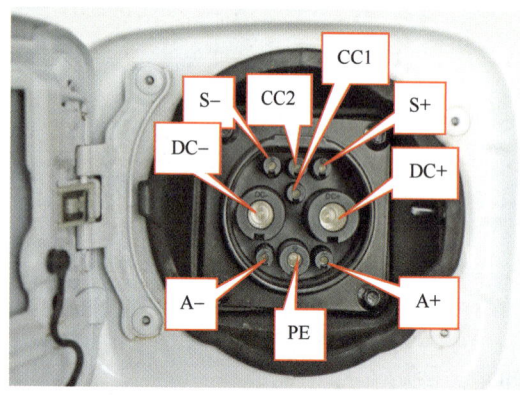

图 1-4-2 快充口的九个端子

各个端子的定义如下：
DC-：直流电源负。
DC+：直流电源正。
PE：车身接地（搭铁）。
A-：低压辅助电源负极。
A+：低压辅助电源正极。
CC1：充电连接确认 1。
CC2：充电连接确认 2。

S+：充电通信 CAN-H。
S-：充电通信 CAN-L。

快充时，交流电通过充电桩转换为直流电后，通过充电连接线进入车上快充口，然后直接经过高压控制盒后，经高压母线给动力蓄电池充电。直流充电口通过高压线直接连接高压控制盒。

1.4.2 快充充电策略

快充充电方法是采用脉冲快速充电。脉冲快速充电是指在充电过程中不断反复放电、充电，循环充电。首先进行一级充电，给电池组用 0.8~1 倍额定容量的大电流进行定流充电，使动力蓄电池在短时间内充至额定容量的 50%~60%。接着由电路控制先停止充电 25~40ms，接着再放电或反充电，使动力蓄电池组反向通过一个较大的脉冲电流，然后再停止充电。当动力蓄电池电量到达标称容量的 60% 后，进行二级充电，充电电流变为 0.5~0.6 倍额定容量的大电流。随着动力蓄电池电量逐渐增加，之后的充电都按照正脉冲充电—前停充—负脉冲瞬间放电—后停充—正脉冲充电进行循环，充电电流按照上一级的 60% 来继续进行充电，直至充满，如图 1-4-3 所示。

以锂离子电池为例，选用容量为 $4A \cdot h$ 的电池，工作电压范围为 3~4.4V。对动力蓄电池进行了不同倍率下的充电测试，当充电倍率小于 $0.77C$ 时，充电截止电压为 4.4V；当充电倍率大于 $0.77C$ 时，首先充电到 4.2V，接着使用 $0.77C$ 充电到 4.4V。

为了降低极化，希望在不影响动力蓄电池寿命的基础上在 4.2V 之前用较大电流也能充入较多电量。一般选择图 1-4-4 所示的三阶段脉冲电流充电法。阶段电流逐渐减小,其中阶段间的转折点为截止电压4.2V。当第三阶段充电至4.2V时,转入0.77C的 CC/CV充电阶段,此时截止电压为4.4V。

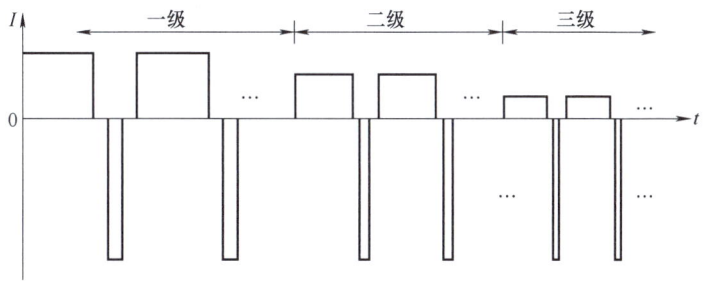

图1-4-3 脉冲充电

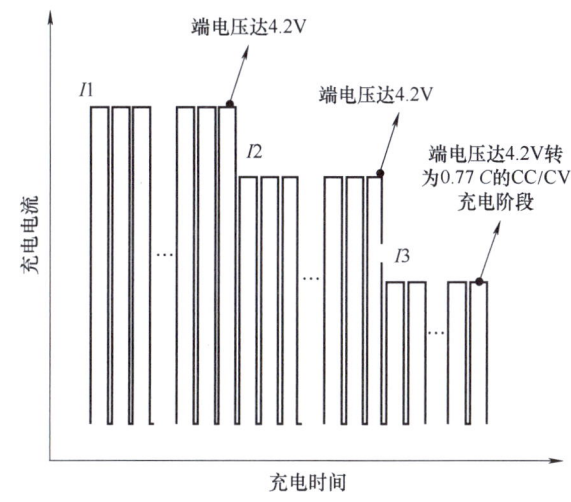

图1-4-4 三阶段脉冲电流充电法

考虑电池的循环使用寿命及充电安全,三个阶段中脉冲电流的幅值分别设定为 1.2C、1.1C和1C。充电电流占空比和频率占空比大小直接影响平均充电率。为了满足第一脉冲阶段平均充电率大于1C的要求,占空比设置为0.9。应将充电脉冲电流周期设定为100s。

充电电流幅值调整策略随着电池老化、电池动力学及倍率特性变差。脉冲电流的幅值应根据电池健康状态调整。在充电过程中,极化电压反映了电池内部电化学反应的速度和电池两极电势的平衡情况,是衡量充电效率和充电接受能力的量化表现。通过控制极化电压,就可以有效控制充电过程中电池内部离子浓度和正负极反应速度。而随着电池的老化,电池动力学特性变差,若在电池老化后仍以相同大小的电流对电池进行充电,必将加大充电过程中的极化电压,将会引起电池容量的加速衰退。

脉冲快速充电的最大优点为充电时间大为缩短;且可适当增加电池容量,提高启动性能。可是脉冲充电电流较大,对极板活性物质的冲刷力强，活性物质易脱落，因此对电池组使用寿命有一定影响。现阶段大多数快速充电都采取脉冲充电方法。

快速充电模式实质上为应急充电模式，其目的是短时间内给电动汽车充电。高功率高电压的工作条件，使得快速充电模式仅存在大型充电站或公路旁作为应急使用。虽然快速充电的速度非常高，其充电时间接近内燃机注入燃油的时间。可是充电设备安装要求和成本非常高。并且快速充电的电流、电压也较高，短时间内对电池的冲击较大，容易令电池的活性物质脱落和电池发热，因此对电池保护散热方面有更高的要求，并不是每款车型都可快速充电。无论电池多完美，长期快速充电终究影响电池的使用寿命。

1.4.3 快充桩的结构与工作原理

直流充电桩输入电压采用三相四线380V 交流电（±15%），频率为50Hz，输出可调的直流电，直接为电动汽车的动力蓄电池充电，可以提供足够大的功率，输出的电压和电流调整范围大，可以实现快充。直流充电桩与交流充电桩的计量和通信及扩展计费功能类似。直流充电桩的电气部分由主回路和二次回路组成。主回路的输入是三相交流电，经过输入断路器、交流智能电能表之后由充电模块（整流模块）将三相交流电转换为电池可以接受的直流电，再连接熔断器和充电枪，给电动汽车充电。主回路电气结构图如图 1-4-5 所示。

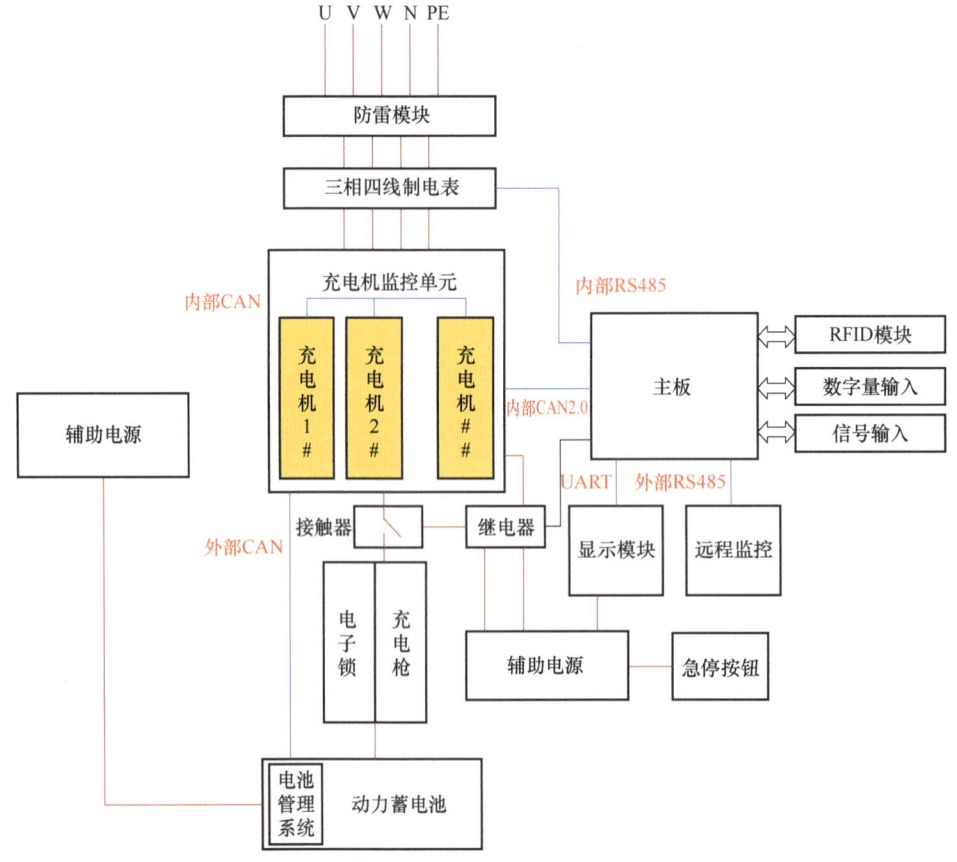

图 1-4-5　直流充电桩主回路电气结构图

三相380V交流电经过EMC等防雷滤波模块后进入到三相四线制电表中，三相四线制电表监控整个充电机工作时的实际充电电量。且根据实际充电电流及充电电压的大小，充电机往往需要并联使用，因此要求充电机拥有能够均流输出的功能，充电机输出经过充电枪直接给动力蓄电池充电。

在直流充电桩工作时，辅助电源给主控单元、显示模块、保护控制单元、信号采集单元及刷卡模块等控制系统供电。另外，在动力蓄电池充电过程中，辅助电源给电池管理系统供电，由电池管理系统实时监控动力蓄电池的状态。

二次回路由充电桩控制器、读卡器、显示屏和直流电表等组成，同时还提供"启停"控制与"急停"操作；信号灯提供"待机""充电"与"充满"状态指示；显示屏作为人机交互设备，提供刷卡、充电方式设置与启停控制操作。

> 拓展阅读

1.4.4　直流充电桩典型电源解决方案

下面为比较典型的直流充电桩的电源解决方案，该方案只是简单地画出了一台充电机的应用。在实际应用中，一台充电机输出的十几千瓦的功率是不够的，往往需要并联三台左右的充电机，以满足大电流输出的要求，如图1-4-6所示。

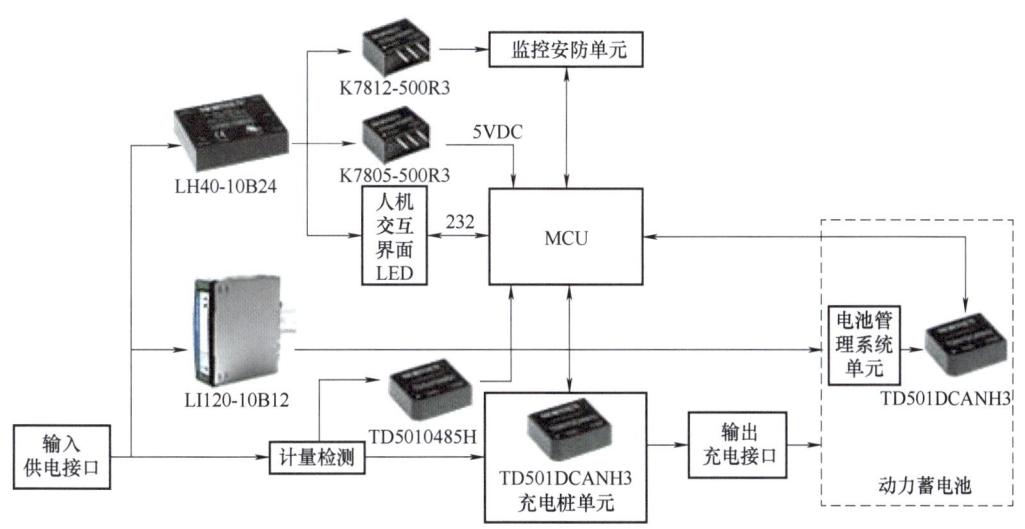

图1-4-6　直流充电桩典型电源解决方案

在电源部分中，首先需要考虑大电流充电情况下电池管理系统的辅助供电。在最新的国标中将此电源统一标定为12V10A，且后续在电池管理系统方面，乘用车与大巴车的电池管理供电系统将统一标准。因此，此处推荐选择具有主动式PFC功能的LI120-10B12输出12V给电池管理系统供电。

主控系统的电源部分，推荐LH40-

10B24给HMI显示屏以及继电器供电。再通过K7812-500R3和K7805-500R3转换为12V和5V，分别给监控安防单元和MCU供电。

在通信部分中，本方案应用了CAN通信、485通信和232通信三种。CAN通信连接了车载电池管理系统、非车载充电机以及主控系统，485通信连接了刷卡模块、电表等，显示屏的串口通常采用232的通信方式。基于内部的点对点通信，有时也可采用非隔离的通信方式。

 实践技能

1.4.5 快充操作规程

快充操作规程如下：
1）将车辆停在相应的充电车位内。
2）关闭起动开关。
3）打开直流充电口。
4）在充电桩上选择直流快充。
5）将充电卡插入插卡口或放置于读卡区。
6）等待充电桩读卡后，输入充电卡的密码，按下确定键。
7）有两种模式选择：自动充满或定金额/时长/电量进行充电。
8）如选择自动充满，则直接插好充电枪并按下确定键开始充电。
9）如选择定金额/时长/电量进行充电，则需选择相应模式后设定相应参数，按下确定键开始充电。
10）收起充电卡。
11）充电结束后，再次插入充电卡或放置在读卡区，按下结算按钮进行此次充电费用结算。
12）结算成功后等待退卡，并将充电卡收好。
13）取下充电枪，收好充电连接线后放回指定位置。
14）盖好充电口盖，完成充电。

1.4.6 直流充电口的更换

直流充电口的更换流程如下：
1）打开前机舱盖。
2）断开蓄电池负极电缆。
3）断开车载充电机处直流母线。
4）拆卸左后轮。
5）拆卸左后轮罩衬板。
6）拆卸直流充电插座。
① 断开动力蓄电池上的直流充电高压线束插接器，如图1-4-7所示。

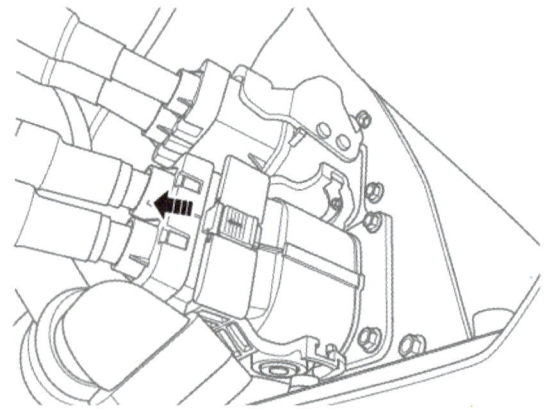

图1-4-7 断开动力蓄电池上的直流充电高压线束插接器

② 拆卸直流充电高压线束支架固定螺栓1和螺母2，脱开直流充电高压线束支架，如图1-4-8所示。

③ 脱开直流充电高压线束固定线卡1，

如图1-4-9所示。

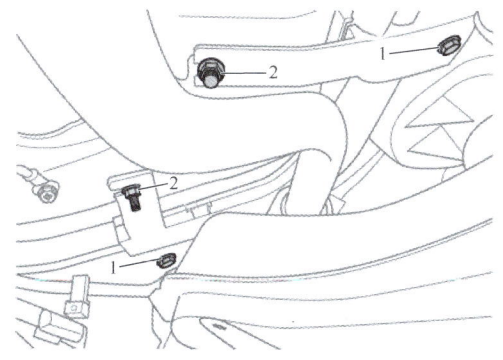

图 1-4-8　拆卸直流充电高压
线束支架固定螺栓 1 和螺母 2

④ 拆卸动力蓄电池左防撞梁螺栓 2。

⑤ 脱开直流充电高压线束固定线卡 3，如图 1-4-9 所示。

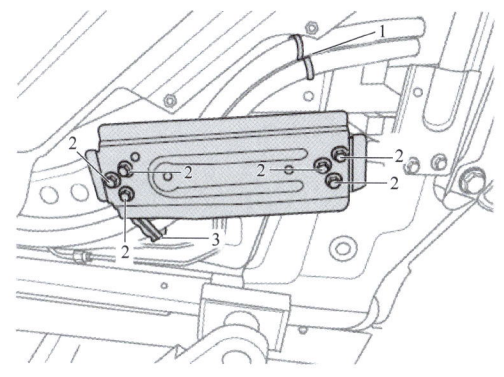

图 1-4-9　脱开固定线卡和左防撞梁螺栓

⑥ 脱开直流充电高压线束四个固定线卡，如图 1-4-10 所示。

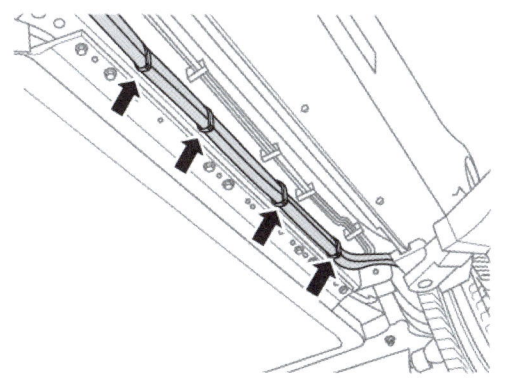

图 1-4-10　脱开直流充电高压线束四个固定线卡

⑦ 脱开直流充电高压线束固定线卡 1，如图 1-4-11 所示。

⑧ 拆卸直流充电高压线束支架固定螺栓 2。

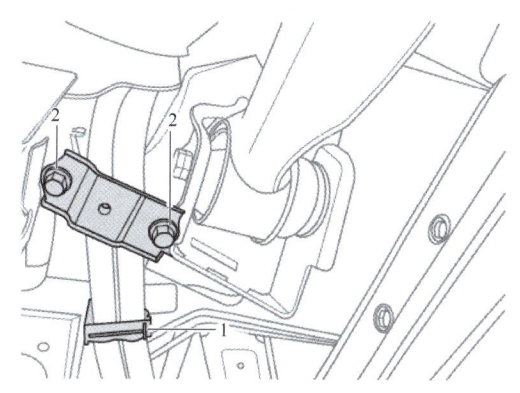

图 1-4-11　脱开直流充电高压
线束固定线卡和螺栓

⑨ 脱开直流充电高压线束固定线卡 1，如图 1-4-12 所示。

⑩ 拆卸直流充电插座搭铁线束固定螺栓 2，脱开搭铁线束。

⑪ 断开直流充电插座线束插接器 3。

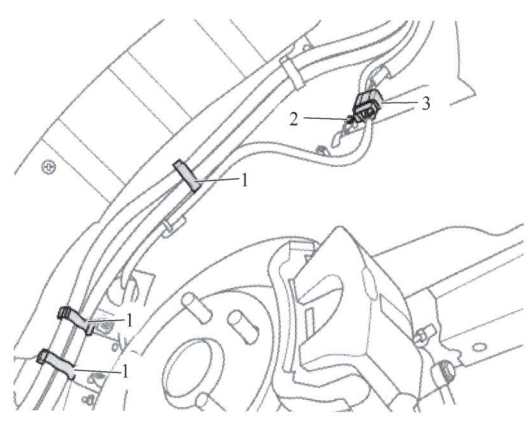

图 1-4-12　拆卸线卡、螺栓和插接器

⑫ 拆卸直流充电插座四个固定螺栓，取出直流充电插座总成，如图 1-4-13 所示。

7）安装新的直流充电插座。

① 放置直流充电插座总成，紧固直流

充电插座总成四个螺栓，力矩为9N·m，如图1-4-14所示。

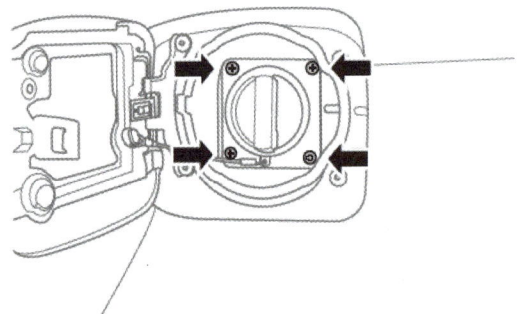

图1-4-13　取出直流充电插座总成

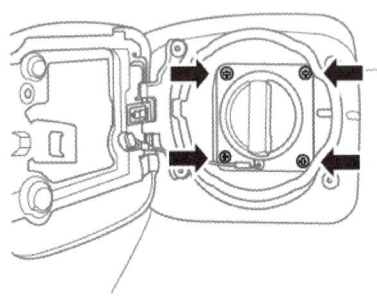

图1-4-14　紧固螺栓

② 安装直流充电高压线束固定线卡1，如图1-4-15所示。

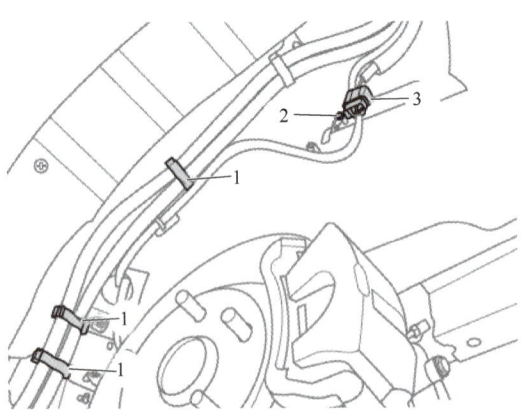

图1-4-15　安装线卡、螺栓和插接器

③ 紧固直流充电插座搭铁线束固定螺栓2，力矩为9N·m。

④ 连接直流充电插座线束插接器3。插接时注意"一插、二响、三确认"。

⑤ 安装直流充电高压线束固定线卡1，如图1-4-16所示。

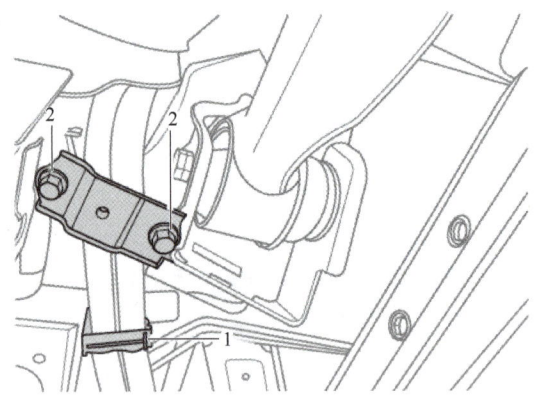

图1-4-16　安装和紧固固定线卡和螺栓

⑥ 紧固直流充电高压线束支架固定螺栓2，力矩为9N·m。

⑦ 安装直流充电高压线束四个固定线卡，如图1-4-17所示。

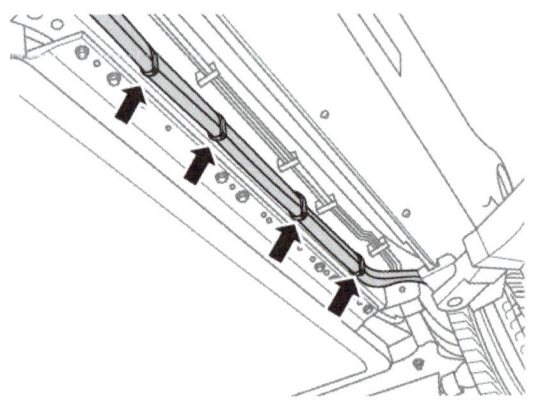

图1-4-17　安装四个固定线卡

⑧ 安装直流充电高压线束固定线卡1，如图1-4-18所示。

⑨ 紧固动力蓄电池左防撞梁螺栓2。

⑩ 安装直流充电高压线束固定线卡3。

⑪ 安装直流充电高压线束支架，紧固直流充电高压线束支架固定螺栓1和螺母2，力矩为9N·m，如图1-4-19所示。

⑫ 连接动力蓄电池上的直流充电高压线束插接器，如图1-4-20所示。

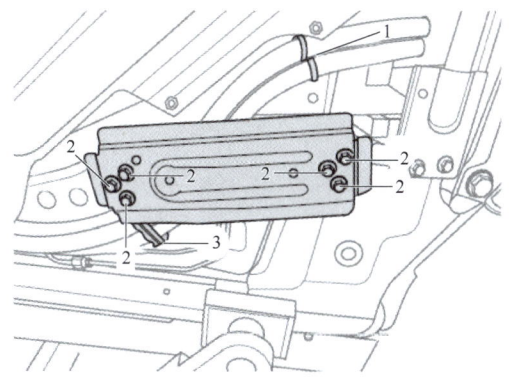

图1-4-18 安装固定线卡和左防撞梁螺栓

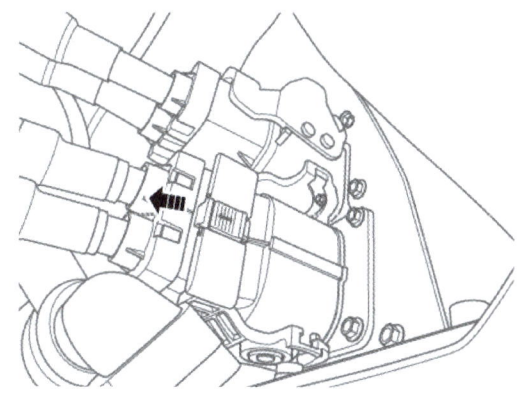

图1-4-20 连接动力蓄电池上的直流充电高压线束插接器

8）安装左后轮罩衬板。
9）安装左后轮。
10）连接车载充电机处直流母线。
11）连接蓄电池负极电缆。
12）关闭前机舱盖。

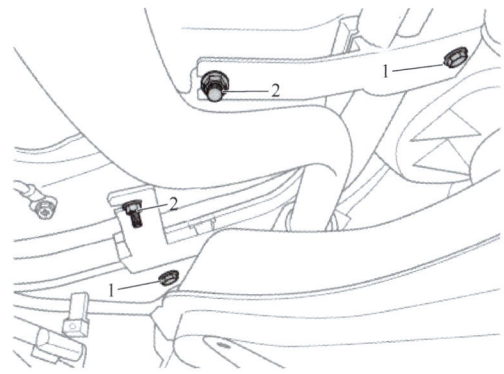

图1-4-19 安装直流充电高压线束支架并紧固螺母

学习小结

1. 将电动汽车连接到交流电网或直流电网时，使用了带控制导引功能的直流供电设备，这种模式也称为快速充电，又称快充，也称为地面充电，通过非车载充电机采用大电流给电池直接充电，使电池在短时间内可充至80%左右的电量，因此也称为应急充电。

2. 快充充电方式充电时间短，能够在较短时间给蓄电池补充大量电能。目前，直流充电桩可以提供100A的充电电流。

3. 快充充电桩连接线一端是蓝色的充电枪，用来连接车辆。连接车辆端的充电枪有九个端子，对应车身上快充充电口的九个端子槽。

学习情境 2

动力蓄电池的更换与故障诊断

学习目标

- 能通过与客户交流、查阅相关维修技术资料等方式获取车辆信息。
- 能根据客户要求制订正确的维修计划。
- 能按照正确操作规范进行动力蓄电池的举升。
- 能按照正确操作规范进行动力蓄电池的更换。
- 能正确认识动力蓄电池内部的器件。
- 能按照要求整理现场。
- 能根据环保要求,正确处理对环境和人体有害的废料和损坏的零部件。

学习单元 2.1　动力蓄电池的认知

情境导入

小王在新能源汽车某 4S 店工作,今天接了一辆车,将动力蓄电池拆下后,客户需要讲解一下动力蓄电池,你能给客户介绍一下吗?

理论知识

2.1.1　动力蓄电池的作用和分类

18 世纪 30 年代电动汽车开始兴起,20 世纪初电动汽车的销量一度占到了市场份额的 30% ~ 50%。但是由于电动汽车

2.1　动力蓄电池的认知

本身续航和充电问题成为掣肘其发展的主要因素，同时燃油价格不断下调，福特T型车的兴起使燃油车辆大行其道。

随着科技发展和环保要求，电动汽车现又开始焕发青春。掣肘电动汽车动力蓄电池技术得到了长足的发展，使得电动汽车大规模使用又成为可能。

电动汽车动力蓄电池（以下简称动力蓄电池）是电动汽车的动力源，是能量的储存装置，是为电动汽车日常行驶提供能量的唯一来源，是电动混合动力汽车的辅助能量来源，能够将电能输出转换为其他形式的能量，并驱动汽车行驶，如图2-1-1所示。动力蓄电池是电动汽车的核心部件之一，其性能好坏直接关系到电动汽车的动力性能、续驶里程，也与纯电动汽车和混合动力电动汽车的安全性直接相关。

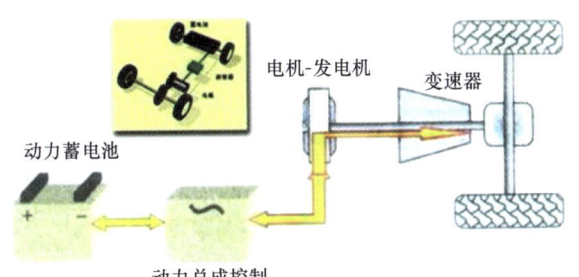

图2-1-1　电动汽车动力蓄电池的功用

动力蓄电池从系统的角度可以分为化学电池、物理电池和生物电池三大类，如图2-1-2所示。

化学电池是利用化学变化产生电能的装置。可以分为一次电池、二次电池和燃料电池三大类，其中，一次电池和二次电池可以

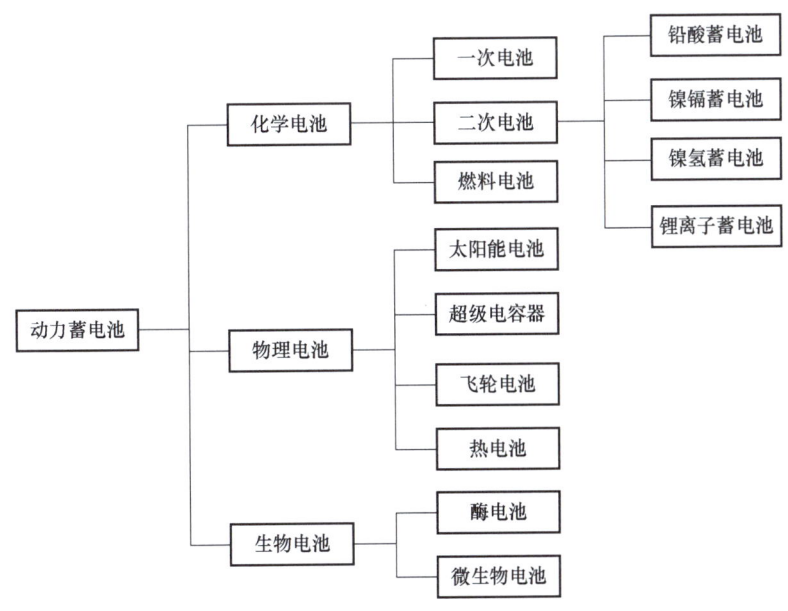

图2-1-2　动力蓄电池的分类

统称为蓄电池。蓄电池适用于纯电动汽车，可以归类为铅酸蓄电池、镍基电池（镍-氢及镍-金属氢化物电池、镍-福及镍-锌电池）、钠基电池（钠-硫电池和钠-氯化镍电池）、锂离子蓄电池等类型。燃料电池专用于燃料电池电动汽车。

物理电池是利用光、热、物理吸附等物理能量发电的电池，如太阳能电池、超级电容器、飞轮电池等。这类电池技术不够成熟，应用较少。

生物电池是利用生物化学反应发电的电池，如微生物电池、酶电池、生物太阳电池等。

合金，正极用 MnO_2、$SOCl_2$、$(CF_x)_n$ 等，使用非水电解质溶液的电池。20 世纪 70 年代进入实用化。目前市场上最热门的电动汽车用的绝大部分是锂离子电池。

锂离子蓄电池性能比较高，电池能量密度大，平均输出电压高，自放电小，没有记忆效应，工作温度范围为 $-20 \sim 60℃$，循环性能优越、可快速充放电、充电效率高达 100%，而且输出功率大，使用寿命长，没有环境污染，被称为绿色电池。但价格高和高温下安全性能差，不过随着锂离子蓄电池的正负极材料不断开发，技术不断成熟，锂离子电池将在电动汽车时代发挥主导作用。

根据外壳形式，可以分为三类：圆柱形电芯、方形电芯以及软包装电芯，如图 2-1-3 所示。

2.1.2 锂离子蓄电池

锂离子蓄电池是 20 世纪开发成功的新型高能电池。这种电池的负极是金属锂或锂

a) 圆柱形电芯
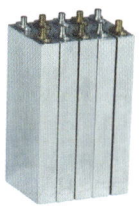
b) 方形电芯

c) 软包装电芯

图 2-1-3 锂离子蓄电池的外壳形式

圆柱形如图 2-1-3a 所示，一般为 18650 封装，特斯拉 MODEL S 车型应用的是 18650 型封装的钴酸锂电池，所谓 18650 是指电池的直径为 18mm、长度为 65mm 的圆柱形电池，如图 2-1-4 所示。

方形电芯也称为硬包装，如图 2-1-3b 所示，结构一般包括电池上下盖、正极、隔膜、负极、有机电解液以及钢或铝电池壳。

软包装结构，如图 2-1-3c 所示，结构和硬包装类似，包括正极、隔膜、负极、有机电解液以及铝塑复合膜电池壳。

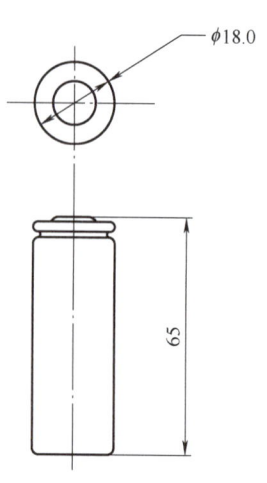

图 2-1-4 18650 电池

三种类型的优缺点见表 2-1-1。

表 2-1-1　三种电芯封装形式的优缺点

电池结构	圆柱形	方形	软包
优点	工艺成熟度高、生产率高，过程控制严格，成品率级电芯一致性高，壳体结构成熟，工艺制造成本低	对电芯的保护作用高，可以通过减少单体电池的厚度保证内部热量的快速传导，电信的安全性能有较大的改善	外部结构对电芯的影响小，电芯性能优良，封装采用的材料质量要小，电池的能量密度最高
缺点	集流体上电流密度分布不均匀，造成内部各部分反应程度不一致；电信内部产生的热量很难得到快速释放，累积会造成电流的安全隐患	壳体在电芯总重中所占的比重较大，导致单体电池的能量密度较低，内部结构复杂，自动化工艺成熟度相对较低	大容量电池密封工艺难度增加，可靠性相对较差；所采用的铝塑复合封装膜机械强度低，铝塑复合膜的寿命制约了电池使用寿命

根据正极材料的不同，锂离子电池可以被分成许多种类，主要应用的有钴酸锂电池、锰酸锂电池、磷酸铁锂电池及三元材料锂电池等。

1. 钴酸锂电池

钴酸锂电池结构稳定、容量比高、综合性能突出、电化学性能优越、加工性能优异、振实密度大、能量密度高，有助于提高电池体积比容量，产品性能稳定，一致性好，标称电压为 3.7V。一般钴酸锂电池如图 2-1-5 所示。

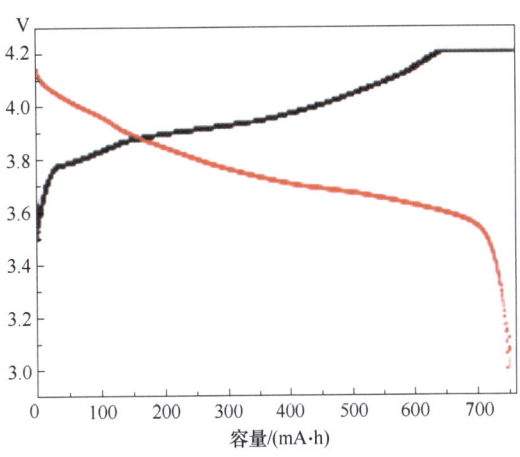

图 2-1-6 所示。

图 2-1-6　钴酸锂电池的充放电特性

由图 2-1-6 可以看出，钴酸锂电池充电时终止电压为 4.2V，钴酸锂电池放电时，当电压在 3.6V 以后会迅速下降，最小放电终止电压为 2.75V 左右。

特斯拉 MODEL S 动力蓄电池的电池单体采用容量约 2.2A·h 的 18650 电池，有 69 节并联组成一组，9 组串联组成一层，由 11 层串联组成动力蓄电池，动力蓄电池的电压为 375V 左右，电量为 53kW·h，质量约为 450kg，因此单体电池为 6831

图 2-1-5　钴酸锂电池

钴酸锂电池正极为钴酸锂聚合物，负极材料为石墨，钴酸锂电池的充放电特性如

节，一般充电时间为 3~5h。动力蓄电池包如图 2-1-7 所示。

图 2-1-7 拆解后的特斯拉 MODEL S 动力蓄电池包

18650 钴酸锂电池也有弱点：首先，由 18650 钴酸锂电池组成的电池包，连同双电机和电控系统，至少占整车售价的 60%~70%，成本较高；其次，安全性差、热稳定性差，遇到高温或者撞击会释放氧气及大量热。基于以上缺点，钴酸锂电池主要用于中小型号电芯，广泛应用于笔记本计算机、手机、MP3/4 等小型电子设备中，电动汽车中只有特斯拉采用该类型动力蓄电池。

2. 锰酸锂电池

锰酸锂电池是指正极使用锰酸锂材料的电池，相比钴酸锂等传统正极材料，锰酸锂具有资源丰富、成本低、无污染、安全性能好等优点。锰酸锂正极采用尖晶石型锰酸锂和层状结构锰酸锂，一般为 $LiMn_2O_4$，负极为石墨。其标称电压达到 3.7V，如图 2-1-8 所示。

锰酸锂电池的充放电曲线如图 2-1-9 所示。

由图 2-1-9 可知，锰酸锂电池充电时曲线较为平缓，充电截止电压在 4.2V 左右。放电时，当电压低于 3.6V 会迅速下降。放电截止电压为 2V。

图 2-1-8 锰酸锂电池

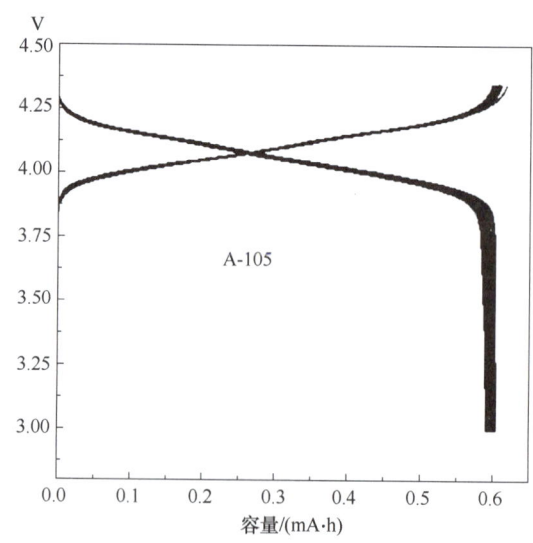

图 2-1-9 锰酸锂电池的充放电曲线

东风日产启辰晨风，其采用的电池技术是目前市场上使用最广泛的锰酸锂离子电池。该电动汽车动力蓄电池包由 192 块电池单体构成，电池容量为 24kW·h，一般需要 4h 左右充满电，续驶里程达到 175km，总质量少于 200kg，安装在车身底盘的中部，该电池包如图 2-1-10 所示。

图 2-1-10　启辰晨风锰酸锂离子电池

锰酸锂电池材料本身并不太稳定，容易分解产生气体，因此多和其他材料混合使用，以降低电芯成本，但其循环寿命衰减较快，容易发生鼓胀，高温性能较差、使用寿命相对较短，主要用于大中型号电芯。

3. 磷酸铁锂电池

磷酸铁锂电池是指用磷酸铁锂（$LiFePO_4$）作为正极材料的锂离子电池。标称电压为 3.2V，充电时终止电压为 3.6V，放电时终止电压为 2.0V。

磷酸铁锂作为电池的正极，由铝箔与电池正极连接，中间是聚合物的隔膜，它把正极与负极隔开，锂离子可以通过而电子不能通过，右边是由碳（石墨）组成的电池负极，由铜箔与电池的负极连接。电池的上下端之间是电池的电解质，电池由金属外壳密闭封装。

磷酸铁锂电池在充电时，正极中的锂离子通过聚合物隔膜向负极迁移；在放电过程中，负极中的锂离子通过隔膜向正极迁移。锂离子电池就是因锂离子在充放电时来回迁移而命名的。

磷酸铁锂电池的充放电特性如图 2-1-11 所示。

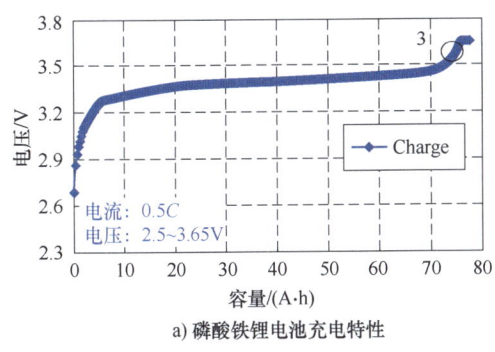

a) 磷酸铁锂电池充电特性

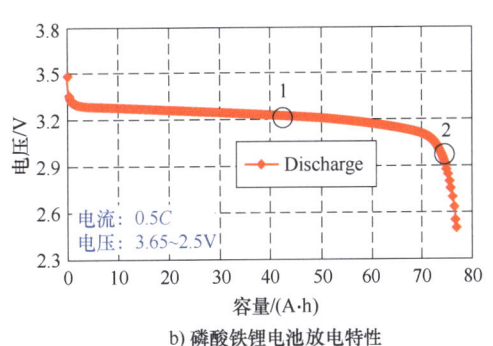

b) 磷酸铁锂电池放电特性

图 2-1-11　磷酸铁锂电池的充放电特性

图 2-1-11a 所示为磷酸铁锂电池的充电特性，可以看出：如果 2.6V 时开始充电，初期电压上升速度较快，迅速上升到 3.3V 左右，随后慢慢增加，直到其充电终止电压 3.6V 左右。

图 2-1-11b 所示为磷酸铁锂电池的放电特性，可以看出：如果 3.5V 时开始放电，初期电压下降速度很快，迅速下降到 3.3V 左右，随后慢慢下降，直到 2.6V 左右。

相比较其他形式的锂离子电池，磷酸铁锂电池具有以下优点：安全性能好；寿命长，循环寿命达到 2000 次以上；高温性能好，热峰值可达 350~500℃；工作温度范围宽广，为 -20~75℃；容量较大，相比普通电池（铅酸电池等）有更大的容量；无记忆效应，电池可随充随用；重量轻，同等规格容量的磷酸铁锂电池的体积是铅酸电池体积的 2/3，重量是铅酸电池的 1/3；环保。磷酸铁锂电池也有其缺点：低温性能差，正极材料振实密度小，等容量的磷酸铁锂电池的体积要大于钴酸锂电池，即能量密度低，因此在微型电池方面不具有优势。而用于动力蓄电池时，磷酸铁锂电池和其他电池一样，需要面对电池一致性问题。

4. 三元锂电池

三元锂电池具有容量高、成本低、安全性好等优异特性，其在小型锂电中逐步占据一定的市场份额，并在动力锂电领域具有良好的发展前景。

三元聚合物锂电池是指使用镍钴锰酸锂三元正极材料的锂电池，是最近几年发展起来的新型锂电正极材料，三元复合正极材料产品，是以镍盐、钴盐、锰盐为原料，综合了钴酸锂、镍酸锂和锰酸锂三类材料的优点，存在三元协同效应，镍钴锰的比例可以根据实际需要调整，三元材料做正极的电池相对于钴酸锂电池安全性高。同时在循环稳定性、热稳定性和安全性能上也有提高。在新能源汽车对动力蓄电池能量密度提升的背景下，三元材料作为高容量密度正极材料有望进一步拓展其市场份额。三元材料具有价格优势，所以成为最具潜力的替代钴酸锂的正极材料。

三元锂电池的充放电曲线如图 2-1-12 所示。

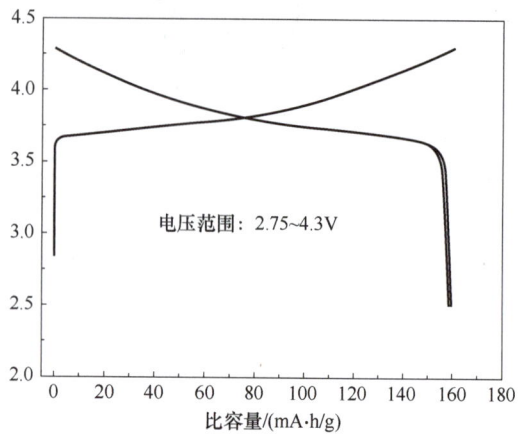

图 2-1-12 三元锂电池的充放电曲线

由图 2-1-12 可以看出，三元锂电池的充电截止电压在 4.2V 左右，放电截止电压在 2.5V 左右。三元锂电池单体电池标称电压为 3.7V。

相比，以上四类锂电池的优缺点见表 2-1-2。

表 2-1-2 四类锂电池的对比

名 称	钴酸锂电池	锰酸锂电池	磷酸铁锂电池	三元锂电池
标称电压/V	3.7	3.7	3.2	3.7
充电截止电压/V	4.2	4.2	3.6	4.2
放电截止电压/V	2.75	2	2	2.5
优点	结构稳定、容量比高、综合性能突出、电化学性能优越、加工性能优异、振实密度大、能量密度高	振实密度高、成本低	使用寿命长、充放电倍率大、安全性好、高温性好、元素无害、成本低	高低温、循环、储存及各项电性能都比较平均。体积比能量高，材料价格适中并且性能稳定
缺点	安全性差、成本高	耐高温性差，锰酸锂长时间使用后温度急剧升高，电池使用寿命衰减严重	能量密度低、振实密度低，低温使用性差	耐高温性差、使用寿命短、大功率放电差、元素有毒

2.1.3 锂离子蓄电池的结构和工作原理

锂离子蓄电池是指分别用两个能可逆地嵌入与脱嵌锂离子的化合物作为正负极的二次电池。电池充电时,阴极中锂原子电离成锂离子和电子,并且锂离子向阳极运动与电子合成锂原子。放电时,锂原子从石墨晶体内阳极表面电离成锂离子和电子,并在阴极处合成锂原子。所以,在该电池中锂永远以锂离子的形态出现,不会以金属锂的形态出现,所以这种电池叫作锂离子蓄电池。

1. 锂离子蓄电池的结构

锂离子蓄电池主要由正负极、电解质、隔膜以及外壳组成,如图2-1-13所示。

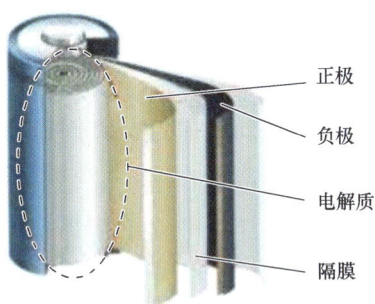

图 2-1-13 锂离子蓄电池的结构

(1) 正极 采用能吸引锂离子的碳极,放电时,锂变成锂离子,脱离电池正极,到达锂离子电池阴极。

(2) 负极 材料选择尽可能接近锂电位的可嵌入锂化合物,如各种碳材料(包括天然石墨、合成石墨、碳纤维、中间相小球碳素等)和金属氧化物。

(3) 电解质 采用 $LiPF_6$ 的碳酸乙烯酯、碳酸丙烯酯和低黏度二乙基碳酸酯等烷基碳酸酯搭配的混合溶剂体系。

(4) 隔膜 隔膜采用聚烯微多孔膜,如 PE、PP 或它们复合膜,尤其是 PP/PE/PP 三层隔膜,不仅熔点较低,而且具有较高的抗穿刺强度,起到了热保险作用。

(5) 外壳 外壳采用钢或铝材料,盖体组件具有防爆、断电的功能。

2. 锂离子蓄电池的工作原理

锂离子蓄电池的工作原理就是指其充放电原理,如图 2-1-14 所示。

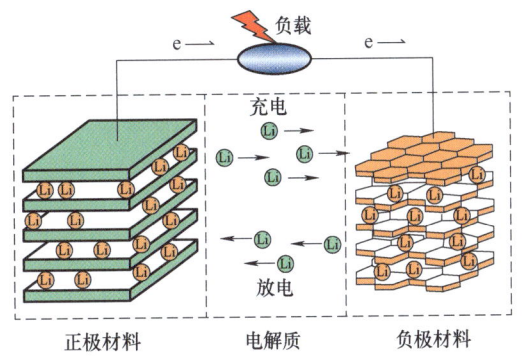

图 2-1-14 锂离子蓄电池的工作原理

当对电池进行充电时,电池的正极上有锂离子生成,生成的锂离子经过电解液运动到负极。而作为负极的碳呈层状结构,它有很多微孔,到达负极的锂离子就嵌入碳层的微孔中,嵌入的锂离子越多,充电容量越高。以钴酸锂电池为例,充电时发生的化学反应为

正极:$LiCoO_2 \rightleftharpoons Li_{1-x}CoO_2 + xLi^+ + xe^-$

负极:$6C + xLi^+ + xe^- \rightleftharpoons Li_xC_6$

同样道理,当对电池进行放电时(即使用电池的过程),嵌在负极碳层中的锂离子脱出,又运动回到正极。回到正极的锂离子越多,放电容量越高。通常所说的电池容量指的就是放电容量。放电时的反应为

正极:$Li_{1-x}CoO_2 + xLi^+ + xe^- \rightleftharpoons LiCoO_2$

负极:$Li_xC_6 \rightleftharpoons 6C + xLi^+ + xe^-$

不难看出,在锂离子电池的充放电过程

中，锂离子处于从正极 → 负极 → 正极的运动状态。如果我们把锂离子电池形象地比喻为一把摇椅，摇椅的两端为电池的两极，而锂离子就像优秀的运动健将，在摇椅的两端来回奔跑。所以，专家们又给了锂离子电池一个可爱的名字——摇椅式电池。

2.1.4 燃料电池电动汽车

燃料电池电动汽车（FCV）是一种用车载燃料电池装置产生的电力作为动力的汽车。车载燃料电池装置所使用的燃料为高纯度氢气或含氢燃料经重整所得到的高含氢重整气。与通常的电动汽车比较，其动力方面的不同在于燃料电池电动汽车用的电力来自车载燃料电池装置，而电动汽车所用的电力来自由电网充电的蓄电池。因此，燃料电池电动汽车的核心部件是燃料电池。

燃料电池是一种不燃烧燃料而直接以电化学反应方式将燃料的化学能转变为电能的高效发电装置。发电的基本原理是：电池的阳极（燃料极）输入氢气（燃料），氢分子（H_2）在阳极催化剂的作用下被离解成为氢离子（H^+）和电子（e），H^+ 穿过燃料电池的电解质层向阴极（氧化极）方向运动，e^- 因通不过电解质层而由一个外部电路流向阴极；在电池阴极输入氧气（O_2），氧气在阴极催化剂的作用下离解成为氧原子（O），与通过外部电路流向阴极的电子和燃料穿过电解质的 H^+ 结合生成稳定结构的水（H_2O），完成电化学反应放出热量。这种电化学反应与氢气在氧气中发生的剧烈燃烧反应是完全不同的，只要阳极不断输入氢气，阴极不断输入氧气，电化学反应就会连续不断地进行，电子就会不断通过外部电路流动形成电流，从而连续不断地向汽车提供电力。与传统的导电体切割磁力线的回转机械发电原理也完全不同，这种电化学反应属于一种没有物体运动就获得电力的静态发电方式。因而，燃料电池具有效率高、噪声小、无污染物排出等优点，这确保了燃料电池电动汽车成为真正意义上的高效、清洁汽车。

为满足汽车的使用要求，车用燃料电池还必须具有高比能量、低工作温度、起动快、无泄漏等特性，在众多类型的燃料电池中，质子交换膜燃料电池（PEMFC）完全具备这些特性，所以燃料电池电动汽车所使用的燃料电池都是 PEMFC。

燃料电池电动汽车的工作原理是，作为燃料的氢在汽车搭载的燃料电池中，与大气中的氧气发生氧化还原化学反应，产生出电能来带动电动机工作，由电动机带动汽车中的机械传动结构，进而带动汽车的前桥（或后桥）等行走机械结构工作，从而驱动电动汽车前进。

燃料电池的反应结果会产生极少的二氧化碳和氮氧化物，副产品主要产生水，因此被称为绿色新型环保汽车。通过氢气和氧气的化学作用，而不是经过燃烧，直接变成电能动力。

燃料电池电动汽车的氢燃料能通过几种途径得到。有些车辆直接携带着纯氢燃料，另外一些车辆有可能装有燃料重整器，能将烃类燃料转化为富氢气体。单个的燃料电池必须结合成燃料电池组，以便获得必需的动力，满足车辆使用的要求。

学习情境 2　动力蓄电池的更换与故障诊断

 实践技能

2.1.5　动力蓄电池认知

1. 动力蓄电池的位置与基本信息

吉利 EV450 动力蓄电池位于车辆下部，举升车辆即可看到，如图 2-1-15 所示。

观察电池铭牌，如图 2-1-16 所示。可以看到，吉利 EV450 电池采用三元锂电池，标称电压为 346V，电池容量为 150A·h，质量为 384kg。

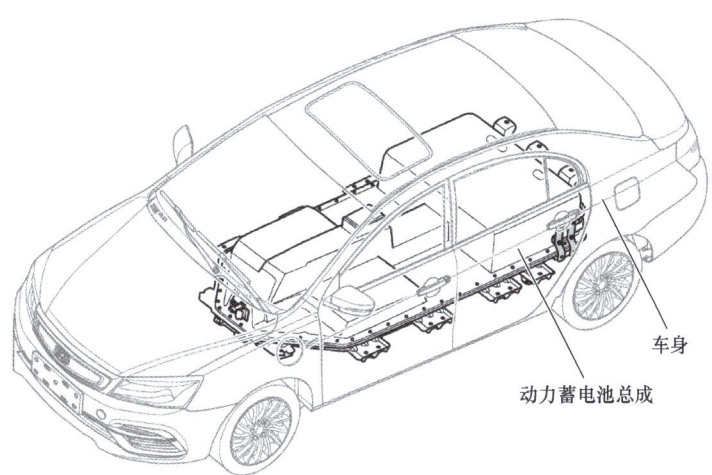

图 2-1-15　动力蓄电池的位置

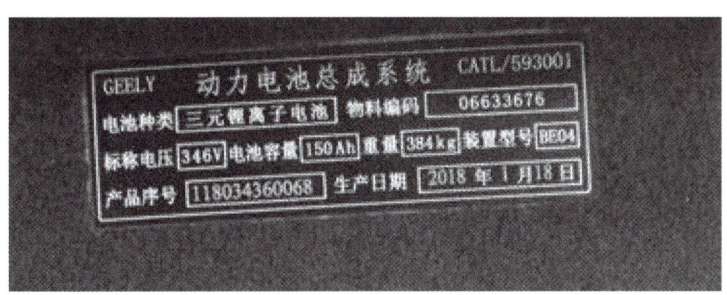

图 2-1-16　动力蓄电池铭牌

2. 动力蓄电池与其他高压部件的连接

动力蓄电池通过前部接口和线束与其他部件进行连接，如图 2-1-17 所示。

动力蓄电池通过高压母线和车载充电机连接，通过高压线束和直流充电口连接，另外还有两个低压通信接口。

3. 动力蓄电池的冷却

动力蓄电池前部有两个冷却液接口，分别为进水口和出水口。吉利 EV450 采用液冷，通过温度循环控制系统能够控制温度为 -30~55℃，让动力蓄电池内的电芯及组件工作保持在平均 25℃ 的最佳工作温度。

纯电动汽车电池及管理系统检修

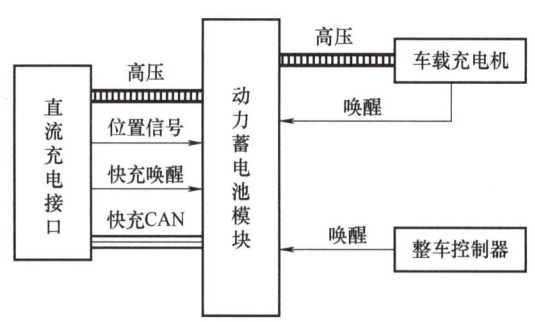

图 2-1-17　动力蓄电池与其他高压部件的连接

> **学习小结**
>
> 1. 电动汽车动力蓄电池是电动汽车的动力源，是能量的储存装置，是为电动汽车日常行驶提供能量的唯一来源，是电动混合动力汽车的辅助能量来源，能够将电能输出转换为其他形式的能量，并驱动汽车行驶。
> 2. 化学电池是利用化学变化产生电能的装置。可以分为一次电池、二次电池和燃料电池三大类，其中，一次电池和二次电池可以统称为蓄电池。蓄电池适用于纯电动汽车，可以归类为铅酸电池、镍基电池（镍-氢及镍-金属氢化物电池、镍-福及镍-锌电池）、钠基电池（钠-硫电池和钠-氯化镍电池）、锂离子蓄电池等类型。燃料电池专用于燃料电池电动汽车。
> 3. 根据正极材料的不同，锂离子蓄电池可以被分成许多种类，主要应用的有钴酸锂电池、锰酸锂电池、磷酸铁锂电池及三元材料锂电池等。

学习单元 2.2　动力蓄电池的更换

> **情境导入**
>
> 小王买了一辆新的比亚迪 E5 电动汽车，经检查动力蓄电池损坏，需进行动力蓄电池的更换，你知道如何更换动力蓄电池吗？

> **理论知识**

2.2.1　动力蓄电池参数

电动汽车用动力蓄电池基本性能指标主要有电压、容量、内阻、功率、输出功率和自放电率等。

2.2　动力蓄电池的更换

1. 基本性能指标

（1）电压

工作电压：电池在一定负载条件下实际的放电电压，如铅酸蓄电池的工作电压为 1.8~2V，镍氢电池的工作电压为 1.1~1.5V，锂离子电池的工作电压为 2.75~3.6V。

额定电压：电池工作时公认的标准电压，如镍镉电池的额定电压为 1.2V，铅酸蓄电池的额定电压为 2V。

终止电压：放电终止时的电压值，通常与负载、使用要求有关。

充电电压：外电路直流电压对电池充电的电压。一般充电电压要大于断路电压，如镍镉电池的充电电压为 1.45~1.5V，锂离子电池的充电电压为 4.1~4.2V，铅酸电池的充电电压为 2.25~2.7V。

（2）容量 电池的容量是指在充电以后，在一定放电条件下所能释放出的电量，其单位为 A·h，容量与放电电流大小、充放电截止电压有关。一般应用额定容量和实际容量。

额定容量，是指设计与制造电池时，按照国家或相关部门颁布的标准，保证电池在一定的放电条件下能够放出的最低限度的电量。

实际容量，是指电池在一定的放电条件下实际放出的电量。它等于放电电流与放电时间的乘积。

值得注意的是，实际电池中正负极容量不等，多为负极容量过剩。

（3）内阻 电池的内阻是指电池在工作时，电流流过电池内部所受到的阻力。内阻主要是指由电极材料、电解液、隔膜电阻及各部分零件的接触电阻组成，与电池的尺寸、结构和装配等有关。

（4）功率和输出功率 电池的功率是指电池在一定放电制度下，单位时间内输出的能量，单位为 kW。

标称功率，也叫作标称输出功率，它是指在用电设备正常使用的前提下，能够长时间工作输出功率的最大值。

（5）自放电率与储存性能 对所有化学电源，即使在与外界电路无任何接触的条件下断路放置，其容量也会自然衰减，这种现象称为自放电。电池自放电的大小用自放电率衡量，通常以单位时间内容量减少的百分比表示：

自放电率 =

$$\frac{储存前电池容量 - 储存后电池容量}{储存前电池容量} \times 100\%$$

2. 其他性能指标

除此之外，电动汽车用电池的性能指标还有比能量（E）、能量密度（Ed）、比功率（P）、循环寿命（L）和成本（C）等。要使电动汽车与燃油汽车相竞争，关键就是要开发出比能量高、比功率大、使用寿命长、续驶里程大的高效电池。

（1）比能量（E） 电池的比能量有两种：一种叫作重量比能量，用瓦时/千克（W·h/kg）表示；另一种叫作体积比能量，用瓦时/升（W·h/L）表示。比能量的物理意义是，电池为单位重量或单位体积时所具有的有效电能量。它是比较电池性能优劣的重要指标。

必须指出，单体电池和电池组的比能量是不一样的。由于电池组合时总要有连接条、外部容器和内包装层等，故电池组的比能量总是小于单体电池的比能量。

（2）能量密度（Ed） 能量密度是指在一定的空间或质量物质中储存能量的大小。动力蓄电池能量密度越大，储存同样多的能量时自身体积越小。

(3) 比功率（P）　电池的单位重量或单位体积的功率称为电池的比功率，它的单位是瓦/千克（W/kg）或瓦/升（W/L）。如果一个电池的比功率较大，则表明在单位时间内，单位重量或单位体积中给出的能量较多，即表示此电池能用较大的电流放电。因此，电池的比功率也是评价电池性能优劣的重要指标之一。

(4) 循环寿命（L）　循环寿命也称为充放电循环寿命，是衡量电池性能的一个重要参数。经过一次充电和放电，称为一次循环（或一个周期）。在一定的充放电制度下，电池容量降至某一规定值之前，电池能耐受的充放电次数，称为二次电池的充放电循环寿命。充放电循环寿命越长，电池的性能越好。

(5) 放电率和放电深度　放电率是指放电时的速率，常用"时率"和"倍率"表示。时率是指以放电时间表示的放电速率，即以一定的放电电流放完额定容量所需的时间。倍率是指电池在规定时间内放出额定容量所输出的电流值，数值上等于额定容量的倍数。

放电深度（Depth of Discharge，DOD）是表示放电程度的一种量度，它是放电容量与总放电容量的百分比。

(6) 荷电状态　荷电状态（State of Charge，SOC），是指剩余电量与额定容量或实际容量的比例。这一参数是在电动汽车使用中十分关键却不易获取的数据。

2.2.2　动力蓄电池充放电特性

1. 充电

目前，锂离子蓄电池充电主要是限压限流法，初期恒流（CC）充电，电池接受能力最强，主要为吸热反应，但温度过低时，材料活性降低，可能提前进入恒流阶段，因此在北方冬天低温时，充电前把电池预热可以改善充电效果。随着充电过程不断进行，极化作用加强，温升加剧，伴随析气，电极过电位增高，电压上升，当荷电达到约70%~80%时，电压达到最高充电限制电压，转入恒压（CV）阶段。

2. 过充电

上述过程考虑电池组总电压或平均电压控制，其实总有单体电压较高者，相对组内其他电池已经进入过充电阶段。过充电时，若在恒流阶段发生，由于电流强度大，电压、温升、内压持续升高，以4V锂为例，电压达到4.5V时，温升40℃、塑料壳体变硬；电压达到4.6V时，温升可达60℃、壳体形变明显并不可恢复，若继续过充，气阀打开、温升继续升高、不可逆反应加剧。

3. 放电

恒流放电时，电压有一陡然跌落，主要由欧姆电阻造成压降，欧姆电阻包括连接单体电极的导线电阻和触点电阻，电压继续下降，经过一段时间以后，到达新的电化学平衡，进入放电平台期，电压变化不明显，放热反应加电阻释热使电池温升较高。

上述过程用恒流特性模拟负载电机，汽车在实际行驶中，电机输出功率的变化很复杂，电流双极性变化，即使匀速行驶，路面颠簸、微小转向都使输出功率实时变化，在短时间内，可以用恒流放电模拟分析，总之大的方向是放电，偶尔有不规则的零脉冲（无逆变功能）或负脉冲（有逆变功能，电池被充电）出现。

4. 过放电

考虑组内单体电池，必有相对的过放电情况。在放电后期，电压接近马尾形状，组中单体容量正态分布，电压分布很复杂，容量最小的单体电压跌落得也就最早、最快，若这时其他电池电压降低不是很明显，小容量单体电压跌落情况被掩盖，已经被过度放电。

2.2.3 吉利 EV450 动力蓄电池接口

吉利 EV450 动力蓄电池通过直流母线和车载充电机进行连接，通过快充线束和快充口进行连接，通过两个低压线束插接器 CA69 和 CA70 分别和整车控制器与快充口进行通信。

1. CA69 动力蓄电池低压线束插接器

CA69 动力蓄电池低压线束插接器用于和整车控制器进行低压通信，接口如图 2-2-1 所示。

表 2-2-1 CA69 动力蓄电池低压线束插接器的端子定义

端 子 号	端 子 定 义
1	常电 12V
2	电源接地 GND
3	整车 CAN-H
4	整车 CAN-L
5	—
6	Crosh 信号
7	IG2
8	—
9	快充插座正极柱温度 +
10	快充插座正极柱温度 -
11	诊断接口 CAN-H
12	诊断接口 CAN-L

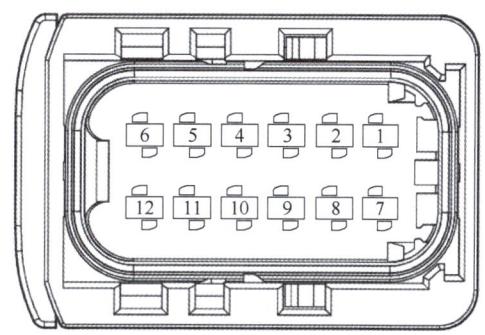

图 2-2-2 CA70 动力蓄电池低压线束插接器

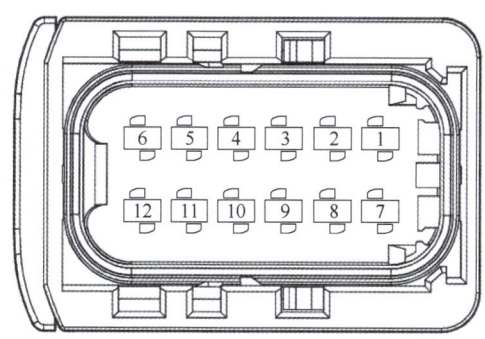

图 2-2-1 CA69 动力蓄电池低压线束插接器

各个端子的定义见表 2-2-1。

2. CA70 动力蓄电池低压线束插接器

CA70 动力蓄电池低压线束插接器用于和快充口进行低压通信，接口如图 2-2-2 所示。

各个端子的定义见表 2-2-2。

表 2-2-2 CA70 动力蓄电池低压线束插接器的端子定义

端 子 号	端 子 定 义
1	快充 CAN-H
2	快充 CAN-L
3	快充 CC2
4	快充 wakeup
5	—
6	—
7	—
8	—
9	—
10	—
11	快充插座正极柱温度 +
12	快充插座正极柱温度 -

3. BV16 动力蓄电池高压线束插接器

BV16 动力蓄电池高压线束插接器用于和直流母线进行连接，接口如图 2-2-3 所示。

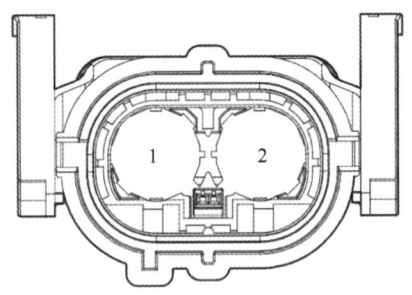

图 2-2-3　BV16 动力蓄电池高压线束插接器

各个端子的定义见表 2-2-3。

表 2-2-3　BV16 动力蓄电池高压线束插接器的端子定义

端子号	端子定义	端子状态
1	HV -	高压总负
2	HV +	高压总正

4. BV23 动力蓄电池高压线束插接器

BV23 动力蓄电池高压线束插接器用于和直流充电口线束进行连接，接口如图 2-2-4 所示。

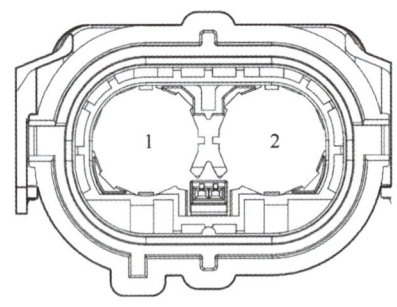

图 2-2-4　BV23 动力蓄电池高压线束插接器

各个端子的定义见表 2-2-4。

表 2-2-4　BV23 动力蓄电池高压线束插接器的端子定义

端子号	端子定义	端子状态
1	FCHV +	快充总正
2	FCHV -	快充总负

拓展阅读

2.2.4　新能源汽车动力蓄电池包壳体材料 SMC

位于底盘部分的动力蓄电池由上盖与下壳体两部分组成，电池壳体是新能源汽车动力蓄电池的承载件，主要用于保护锂离子电池在受到外界碰撞、挤压时不会损坏。

目前大多数纯电动汽车为了保证底盘动力蓄电池的安全，都会选择钢或铝合金材料作为动力蓄电池的保护外壳。虽然在很大程度上可以保护动力蓄电池的安全，但也面临电池组自重大，增加无意义的整备质量，电耗增加，续驶里程减少，甚至对车辆的操控都有不同程度的影响。随着汽车节能环保和轻量化发展，电池壳体材料也出现了玻纤增强复合材料、SMC 片状材料、碳纤维增强复合材料等多种轻量化的材料。

SMC（Sheet Moulding Compounds），又称为片状模塑料，是以不饱和聚酯树脂为黏合剂，添加玻璃纤维、填料、颜料及其他助剂，浸渍玻璃纤维纱，两面用薄膜覆盖而制成的不饱和聚酯玻璃纤维复合材料。

SMC 材料与传统金属材料相比，有以下几个优点：

1）高比强度，高比模量。SMC 密度为 $1.7 \sim 1.9 \text{g/cm}^3$，代替金属材料有明显的减重效果。

2) SMC 制品的可设计性强，通过优化结构可整体成形，减少二次装配。

3) 热膨胀系数小，尺寸稳定。

4) 耐腐蚀，SMC 的耐电解液、耐酸、耐碱性比金属材料（如钢、铝）要好得多，永远不会生锈。

5) 减振性好，耐冲击，共振小。

6) 绝缘性能优于金属材料。

7) 阻燃性能可以达到 VO 级。

SMC 于 20 世纪 60 年代初首先出现在欧洲，在 1965 年左右，美、日相继发展了这种工艺。我国于 20 世纪 80 年代末，引进了国外先进的 SMC 生产线和生产工艺。世界市场上的 SMC 约在 20 世纪 60 年代末期已初具生产规模，此后一直以每年 20% ~ 25% 的增长速率快速增长，广泛应用于运输车辆、建筑、电子/电气等行业中。

动力蓄电池组在整车质量中占了很大的比重，且动力蓄电池设计既要考虑密封、防水、防尘、防腐蚀，又要考虑绝缘，还要考虑电池箱的散热和静电屏蔽。因此，壳体材料的选择和轻量化就显得尤为重要。北汽 C30、C33，广汽 A3X、A51 等车型，及吉利帝豪 EV450、前途汽车 K50、广汽新能源传祺 GE3 530、长安第二代逸动 EV 动力蓄电池壳体均使用 SMC 复合材料。

帝豪 EV450 电池箱体上盖采用的是先进的 SMC 复合材料，SMC 复合材料优势明显，因为它的比强度是钢材的 4 倍，同时重量还轻，并且更加耐腐蚀、防水，更适合作为替代材质。

 实践技能

2.2.5 动力蓄电池的更换

1. 高压下电

1) 打开前机舱盖，断开蓄电池负极电缆并等待 5min，如图 2-2-5 所示。

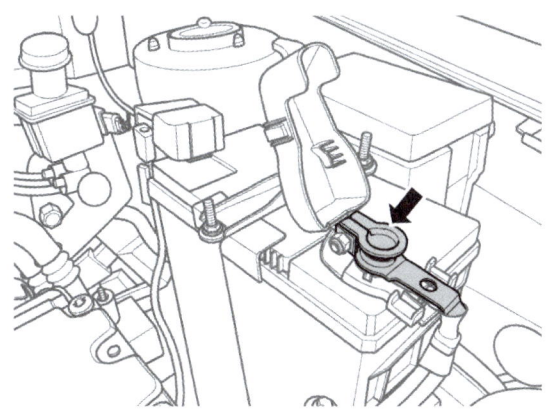

图 2-2-5　断开蓄电池负极电缆

2) 向上推动直流母线插头卡扣熔丝，如图 2-2-6 所示。

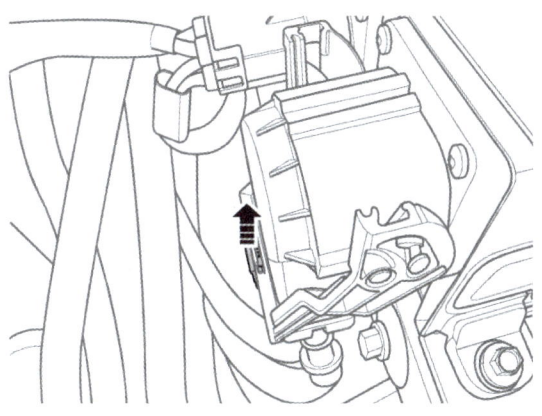

图 2-2-6　向上推动直流母线插头卡扣熔丝

3) 拆卸直流母线连接充电机端插件，要注意戴绝缘手套用万用表测量直流母线端正负极电压低于 1V，如图 2-2-7 所示。

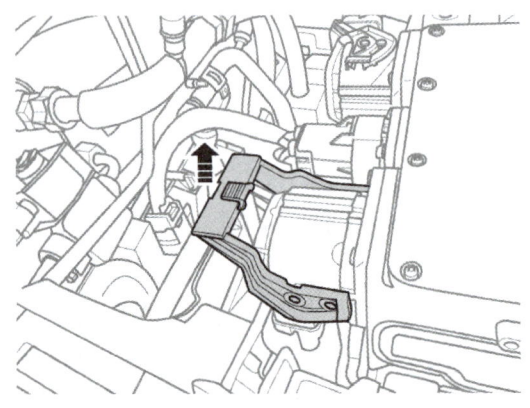

图 2-2-7　拆卸直流母线连接充电机端插件

2. 动力蓄电池的拆卸

1）支撑动力蓄电池总成。用举升机将车辆举升,注意举升时确保举升机的支撑点不要支撑在动力蓄电池上。

2）将动力蓄电池拆卸平台车（后面称平台车）推入车底,并对齐动力蓄电池,锁紧脚轮后升起平台支撑动力蓄电池总成,如图 2-2-8 所示。

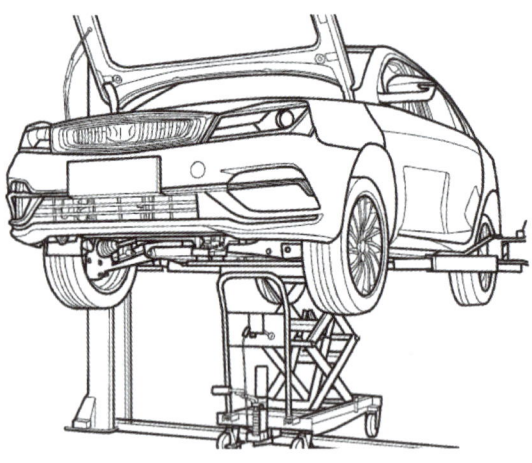

图 2-2-8　支撑动力蓄电池总成

3）断开动力蓄电池出水管与水泵（电池）的连接,断开动力蓄电池进水管与电池膨胀壶的连接,如图 2-2-9 所示。

4）断开动力蓄电池的两个高压线束插接器,断开动力蓄电池与前机舱线束的两个低压线束插接器,如图 2-2-10 所示。

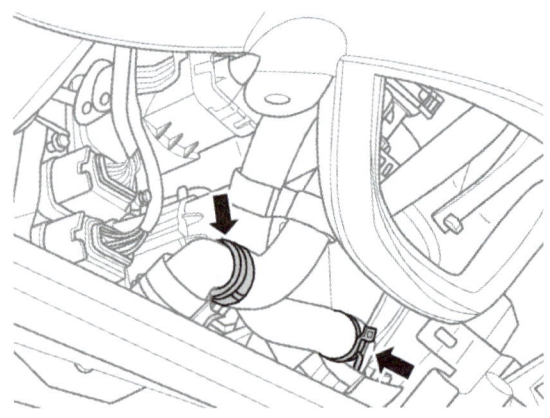

图 2-2-9　断开水管连接

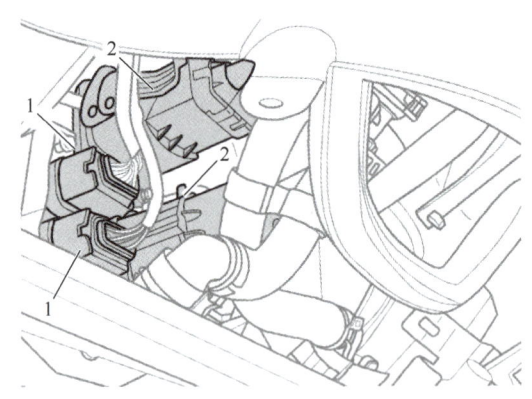

图 2-2-10　断开高压和低压线束

5）拆卸动力蓄电池搭铁线固定螺栓,如图 2-2-11 所示。

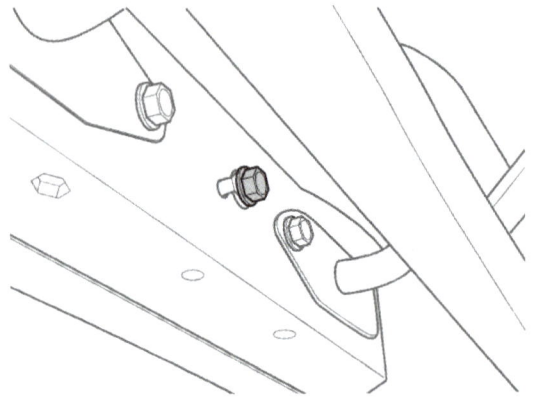

图 2-2-11　拆卸动力蓄电池搭铁线固定螺栓

6）拆卸动力蓄电池防撞梁四个固定螺栓，如图 2-2-12 所示。

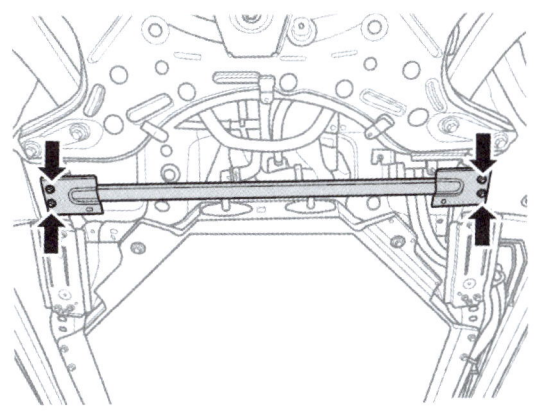

图 2-2-12　拆卸动力蓄电池防撞梁四个固定螺栓

7）拆卸动力蓄电池总成后部三个固定螺栓，如图 2-2-13 所示。

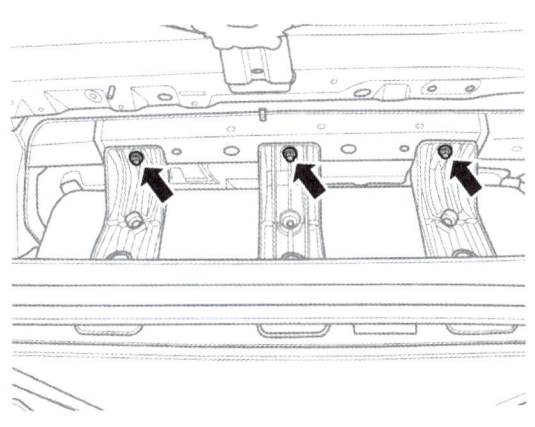

图 2-2-13　拆卸动力蓄电池总成后部三个固定螺栓

8）拆卸动力蓄电池总成前部两个固定螺栓。

9）拆卸动力蓄电池总成左右各七个固定螺栓。

10）缓慢降下平台车取出动力蓄电池总成，注意在下降过程中平台车缓慢向前移动可以避免动力蓄电池与后悬架的干涉，如图 2-2-14 所示。

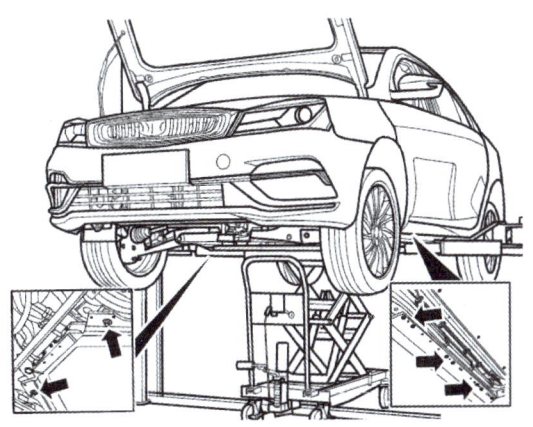

图 2-2-14　拆卸螺栓并降下平台车

3. 动力蓄电池的安装

更换新的动力蓄电池后，要对动力蓄电池进行安装。

1）将平台车推至车底，固定好脚轮后缓慢举升平台车，松开脚轮后调整平台车位置，使动力蓄电池总成上的安装孔与车身对齐，并再次固定脚轮，如图 2-2-15 所示。

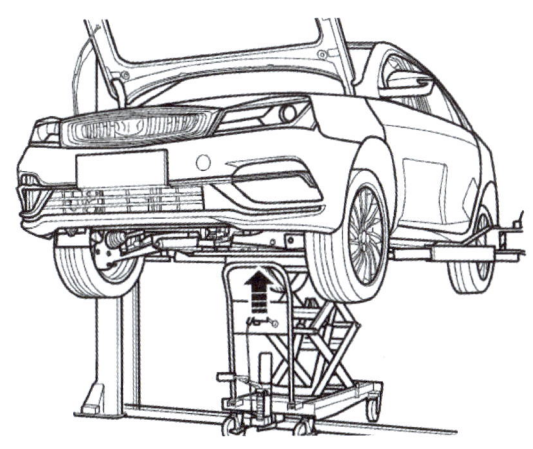

图 2-2-15　升起动力蓄电池

2）安装并紧固动力蓄电池总成后部三个固定螺栓，力矩为 78N·m，如图 2-2-16 所示。

3）安装并紧固动力蓄电池总成前部两个固定螺栓，力矩为 78N·m。

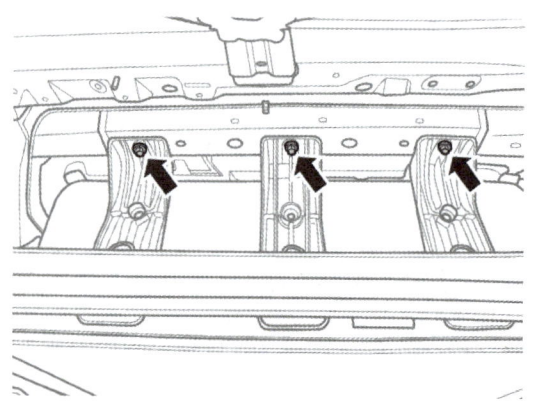

图 2-2-16 安装并紧固动力蓄电池总成后部三个固定螺栓

4）安装并紧固动力蓄电池总成左右各七个固定螺栓，力矩为 78N·m，如图 2-2-17 所示。

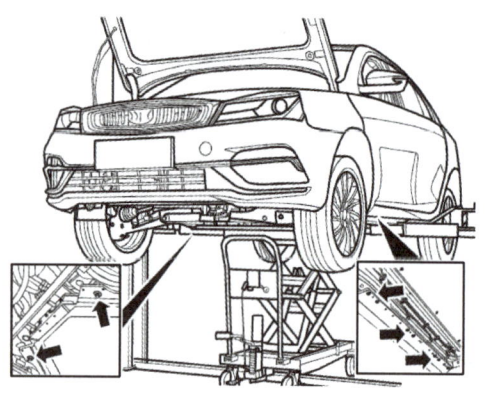

图 2-2-17 安装并紧固动力蓄电池总成前部、左右螺栓

5）连接动力蓄电池与前机舱的两个线束插接器。

6）连接动力蓄电池的高压和低压线束插接器，注意插接时要"一插、二响、三确认"，如图 2-2-18 所示。

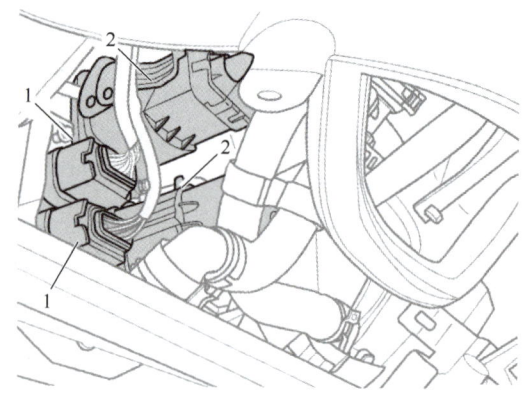

图 2-2-18 安装高压和低压线束插接器

7）安装动力蓄电池搭铁线束固定螺栓，力矩为 9N·m。

8）连接动力蓄电池出水管与水泵（电池）。

9）连接动力蓄电池进水管与电池膨胀壶。

4. 上电操作

1）连接直流母线与充电机端插件。
2）连接蓄电池负极电缆。
3）关闭机舱盖。

完成动力蓄电池的更换。

学习小结

1. 电动汽车用动力蓄电池基本性能指标主要有电压、容量、内阻、功率、输出功率和自放电率等。

2. 能量密度是指在一定的空间或质量物质中储存能量的大小。动力蓄电池能量密度越大，储存同样多的能量时自身体积越小。

3. 吉利 EV450 动力蓄电池通过直流母线和车载充电机进行连接，通过快充线束和快充口进行连接，通过两个低压线束插接器 CA69 和 CA70 分别和整车控制器与快充口进行通信。

学习单元2.3　动力蓄电池内部认知

情境导入

小王在某4S店工作，今天接了一辆车，师傅告诉小王需要打开动力蓄电池总成，你知道动力蓄电池内部的结构吗？

理论知识

动力蓄电池系统是电动汽车的动力能源，它为整车驱动和其他用电器提供电能。动力蓄电池主要由两大部分组成，即电池管理系统和电池本体部分。其中电池管理系统相当于动力蓄电池的神经中枢，主要对电池状态进行检测，对电池电量等进行管理，主要包括电池信息采集器、电池采样线等。电池本体部分主要由动力蓄电池模组、动力蓄电池箱体及其他辅助器件等部分组成，如图2-3-1所示。

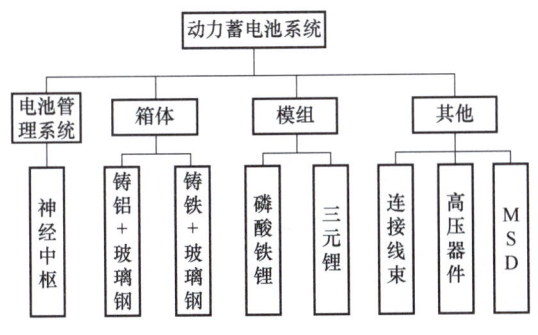

图2-3-1　一般动力蓄电池的组成

2.3　动力蓄电池内部认知

封装形式，通过串联、并联等形式来提高电压或增加容量。在电池内部，一定数量的单体电池组成一个电池模块，单体电池之间的连接方式有并联（Parallel Connection）和串联（Series Connection）两类，因此并联简写为P，串联简写为S。并联的目的是增加电池模块的容量，而电压不变。一定数量的电池模块通过串联组成一个电池模组，串联的目的是提高模块的电压。

比亚迪E5的动力蓄电池输出电压为650V左右，容量为65A·h，能量为42.5kW·h。该电池由13个电池模组串联组成。

（1）单体电池　单体电池指构成动力蓄电池模块的最小单元，一般由正极、负极、电解质及外壳等构成，可实现电能与化学能之间的直接转换。磷酸铁锂单体电池电压为3.2V左右，三元锂单体电池电压为3.75V左右。单体电池的并联可以提高容量，单体电池的串联可以提高电压。

（2）电池模块　为了提高容量，将多个单体电池进行并联就得到了电池模块。电池模块是电池单体在物理结构和电路上连接起来的最小分组，其电压与单体电池电压相

2.3.1　动力蓄电池模组

电动汽车动力蓄电池也称为电池包，是由很多个单体电池封装在一起形成的。由于单体电池数量庞大，因此需要有效、合理的

同，其容量为单体电池容量与并联的单体电池数量的乘积。

(3) 动力蓄电池模组　电池模组指多个电池模块（或电池单体）串联组成的一个组合体模组。电池模组是组成动力蓄电池的分组，其电压为电池模块的电压与串联在一起的电池模块数量的乘积，其容量与电池模块的容量相等。

(4) 动力蓄电池　由多个电池模组串联组成动力蓄电池。动力蓄电池的电压等于串联的所有电池模组的和，其容量与单格电池模组的容量相同。例如某电动汽车动力蓄电池由 10 个电池模组串联组成，每个模组的电压为 32V，容量为 80A·h，因此动力蓄电池的电压为 32V×10＝320V，动力蓄电池的容量为 80A·h。一般动力蓄电池的组成如图 2-3-2 所示。

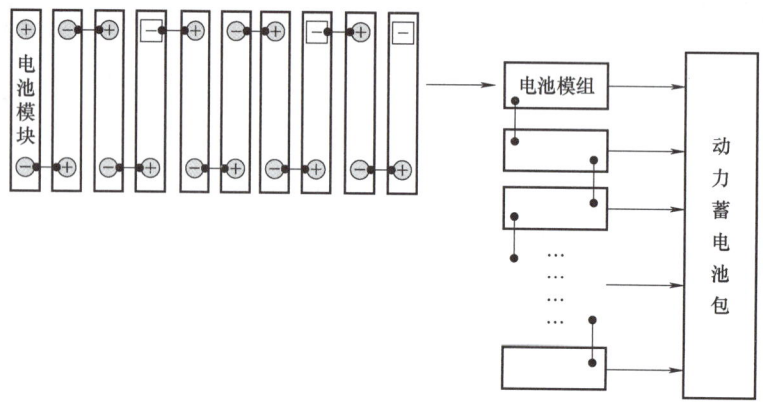

图 2-3-2　动力蓄电池的组成

2.3.2　电池管理系统

电池管理系统作为电动汽车稳定高效运行的保证，在电动汽车的发展中起着关键作用。电池管理系统是电池保护和管理的核心部件，在动力蓄电池系统中，它的作用就相当于人的大脑。它不仅要保证电池安全可靠地使用，而且要充分发挥电池的能力和延长使用寿命，可作为电池和整车控制器以及驾驶人沟通的桥梁，通过控制接触器控制动力蓄电池组的充放电，并向整车控制器上报动力蓄电池系统的基本参数及故障信息。电动汽车电池管理系统是汽车动力蓄电池和电动汽车之间的重要纽带，主要功能包括：监测单体电池的电压，控制单体电池充放电均衡，观测电池充放电电流和温度，估算电池的 SOC，与整车监控系统、车载充电机进行实时总线通信，协调控制和优化电动汽车的电量分配等。电池管理系统如图 2-3-3 中红色圈内所示。

图 2-3-3　电池管理系统

电池管理系统有相应的硬件和软件，按功能可分为数据采集单元和控制单元；电池管理系统的硬件有温度、电压、电流传感器、绝缘监测电路、各类熔丝及接触器等。某电池管理系统的部分硬件如图 2-3-4 所示。

如密封条、绝缘材料等。

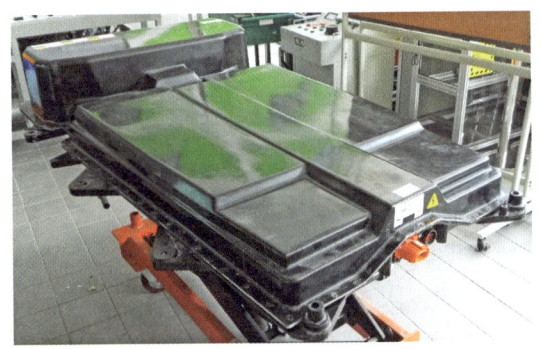

图 2-3-5　电动汽车动力蓄电池外观

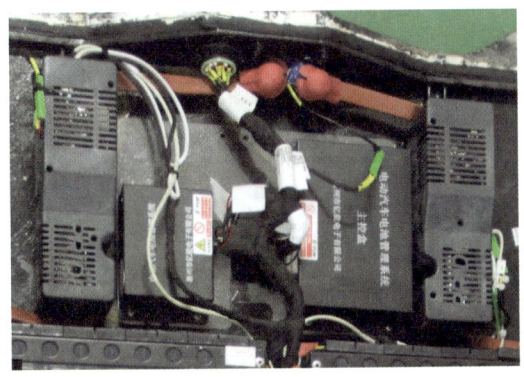

图 2-3-4　EV200 电动汽车电池管理系统的部分硬件

软件部分用来监测和计算电池的电压、电流、SOC 值、绝缘电阻值、温度值，通过与整车控制器、充电机的通信，来控制动力蓄电池系统的充放电。

2.3.3　动力蓄电池箱体及辅助器件

动力蓄电池箱主要起到保护动力蓄电池的作用，因此要求箱体坚固、防水。箱体可以分为上箱体和下箱体。上箱体一般不会受到冲击，并且为了减轻重量采用玻璃钢材质。下箱体在整车的下部，为了防止遇到路面磕碰等情况而伤害动力蓄电池，因此采用铸铁材质。上下箱体之间为了实现密封，由定位装置进行定位，并通过硅酮胶进行密封。某电动汽车下箱体采用铸铁，上箱体采用玻璃钢材质，如图 2-3-5 所示。

辅助器件主要包括动力蓄电池系统内部的电子电气元件以及接口，如熔断器、继电器、分流器、接插件、烟雾传感器等，维修开关以及电子电气元件以外的辅助元器件，

2.3.4　比亚迪 E5 动力蓄电池

比亚迪 E5 动力蓄电池由动力蓄电池模组、电池信息采集器、串联线、托盘、密封罩和电池采样线组成。额定总电压为 653.4V，总电量为 42.47kW·h，其外观如图 2-3-6 所示。

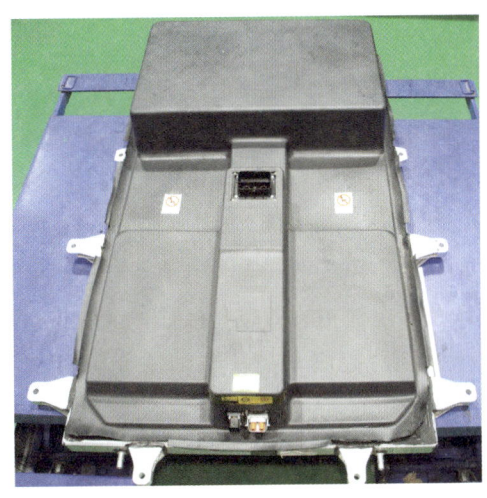

图 2-3-6　比亚迪 E5 动力蓄电池

比亚迪 E5 动力蓄电池下箱体采用铝合金材料，上箱体采用防火塑料，两者之间采用硅酮胶粘接在一起。打开动力蓄电池上箱体后，电池内部有玻璃纤维材料的保温棉。

动力蓄电池各个模组如图 2-3-7 所示。

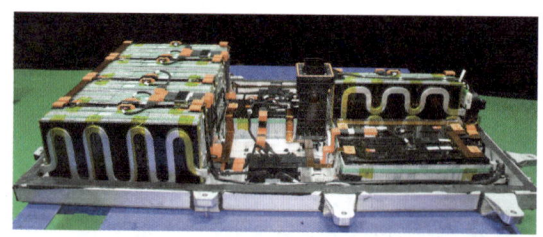

图 2-3-7 动力蓄电池各个模组

图 2-3-7 中蛇形管路为冷却液管，当动力蓄电池温度较低或较高时，通过冷却液循环保持电池工作在一定温度范围内。

2.3.5 吉利 EV450 动力蓄电池

吉利 EV450 动力蓄电池采用三元锂电池（Lithium Ion Battery）：以钴酸锂、锰酸锂或镍酸锂等化合物为正极，以可嵌入锂离子的碳材料为负极，使用有机电解质。动力蓄电池总成安装在车体下部，动力蓄电池的组成部件包括各模组总成、CSC 采集系统、电池控制单元（BMU）、电池高压分配单元（B-BOX）等部件。

电池管理系统能够对动力蓄电池组总电压、总电流、每个测点温度和电池单体的电压参数进行实时监控，并进行故障诊断、SOC 计算、短路保护、漏电监测、报警显示、充放电模式选择等。电池管理系统可以将动力蓄电池相关参数上报整车控制器，由整车控制器控制动力蓄电池的充电和放电功率。

1. CSC 采集系统

每一个电池单元有多个 CSC 采集系统，以监测其中每个电池单体或电池组单体电压、温度信息。CSC 采集系统将相关信息上报电池控制单元，并根据电池控制单元的指令执行单体电压均衡。

2. 电池控制单元

电池控制单元安装于动力蓄电池总成内部，是电池管理系统的核心部件，电池控制单元将单体电压、电流、温度及整车高压绝缘等信息上报整车控制器，并根据整车控制器的指令完成对动力蓄电池的控制。

3. 电池高压分配单元

电池高压分配单元安装在动力蓄电池总成的正负极输出端，由高压正极继电器、高压负极继电器、预充继电器、电流传感器和预充电阻等组成。

> 拓展阅读

2.3.6 电动汽车动力蓄电池基本要求

作为电动汽车的主要能量来源，电动汽车动力蓄电池需要满足以下基本要求：

1. 能量密度大，比能量高

比能量是指电池单位质量或单位体积所能输出的电能，单位分别为 W·h/kg 或 W·h/L。比能量越高，电动汽车的续驶里程就越大，为了提高电动汽车的续驶里程，要求电动汽车动力蓄电池的比能量大。

2. 功率密度大，比功率高

电动汽车行驶过程中在加速工况或大负荷工况时，要求驱动电机有较大的转矩输出，大转矩的获得需要有较大的驱动电流来驱动电机转动，这就要求动力蓄电池有足够的电流输出能力，从而满足电动汽车的加速行驶和具有一定的负载能力。

3. 充放电效率高，循环寿命长

充电时，电动汽车动力蓄电池需要外部或内部进行电能的补充，将电能转化为化学能储存起来；放电时，动力蓄电池将自身的化学能转化为电能储存在电池内。为了能量有效地利用，因此需要较高的充放电效率。

动力蓄电池需要不停地充、放电，这就要求其具有较长的循环寿命。

4. 相对稳定性好

动力蓄电池在工作中能够稳定地工作，理想的动力蓄电池应不随剩余电量的变化而发生输出电压或输出电流的变化。

5. 成本低，使用寿命长

从电动汽车的成本构成看，电池驱动系统占据了新能源汽车成本的 30%～50%，降低动力蓄电池的成本就意味着电动汽车成本随之降低，同时，较长时间的使用寿命就意味着较低的用车成本。

6. 安全性好，适应车辆运行环境

动力蓄电池一般安装在车底或车侧面，在工作中其安全性对驾驶人和乘客的生命有着重要的意义，另外，车在运行中的颠簸、道路环境的恶化等也对动力蓄电池的安全有较高的要求。

总体看，提高功率密度、能量密度，延长使用寿命以及降低成本一直是电动汽车动力蓄电池技术研发的核心。

 实践技能

2.3.7 比亚迪 E5 动力蓄电池内部认知

1. 准备工作

穿戴好工服、绝缘鞋。

2. 电池认知

1）比亚迪 E5 动力蓄电池包含上盖和下箱体，上盖与下箱体胶封在一起。

2）直流母线接口包含正极和负极两个端子，如图 2-3-8 所示。

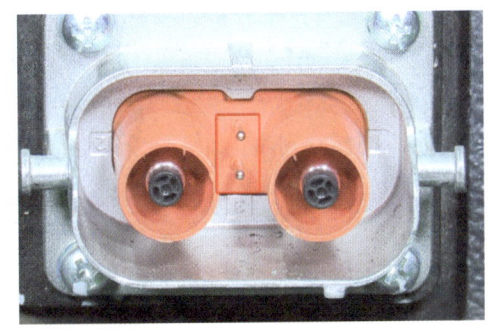

图 2-3-9　高压互锁端子

图 2-3-8　直流母线接口

3）直流母线正负极端子之间有高压互锁端子，如图 2-3-9 所示。

4）低压通信接口用来和外部进行通信，如图 2-3-10 所示。

图 2-3-10　低压通信接口

5）动力蓄电池上部中间橙色部位为维修开关，如图 2-3-11 所示。

图 2-3-11　维修开关

6）拔下维修开关，打开动力蓄电池上盖，可以看到隔热棉，如图 2-3-12 所示。

图 2-3-12　隔热棉

7）分块取下隔热棉后，可以看到主接触器盒，两侧分别连接了正极汇流排和负极汇流排，如图 2-3-13 所示。

图 2-3-13　主接触器盒和汇流排

8）动力蓄电池前端有冷却液进水口和冷却液出水口，如图 2-3-14 所示。

图 2-3-14　动力蓄电池的冷却液进、出水口

9）动力蓄电池前端有通信转换模块，位于低压通信接口侧面，如图 2-3-15 所示。

图 2-3-15　通信转换模块

10）电池内部有 13 个动力蓄电池模组，它们之间通过串联方式连接，正极汇流排连接 7 号电池模组，7 号电池模组负极连接 1 号电池模组正极，1 号电池模组负极连接 12 号电池模组正极，各个电池模组依次连接，3 号模组串接维修开关后和 2 号模组相连，最后 11 号电池模组负极连接负极汇流排，如图 2-3-16 所示。

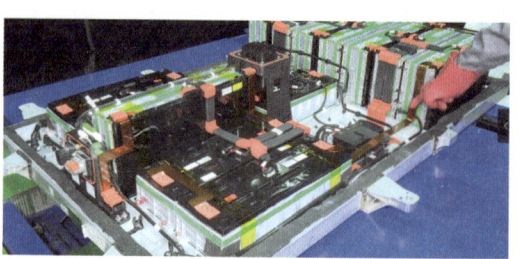

图 2-3-16　动力蓄电池模组

11）电池内部有动力蓄电池冷却管路，冷却液从进水口流入，对各个电池进行冷却后，通过出水口流出，管路如图2-3-17所示。

图2-3-17　冷却液管路

12）动力蓄电池内部有模组信息采集插接器，各个动力蓄电池的电压、温度、绝缘等信号通过这些数据采集线进入动力蓄电池信息采集盒，插接器如图2-3-18所示。

图2-3-18　模组信息采集插接器

13）动力蓄电池内部有信息采集盒，采集盒通过总线连接通信转换模块，采集盒如图2-3-19所示。

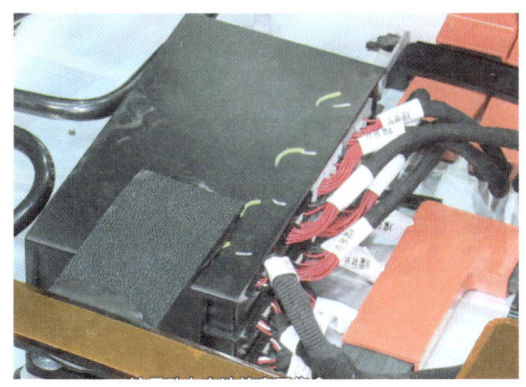

图2-3-19　信息采集盒

14）维修开关上有互锁电路，如图2-3-20所示。

图2-3-20　维修开关上的互锁电路

15）插上维修开关，用万用表测量正负极汇流排之间的电压，为635.9V。测量12号电池模组的电压，为37.82V，如图2-3-21所示。12号模组电压与其形状相同的其他四个模组电压相同。

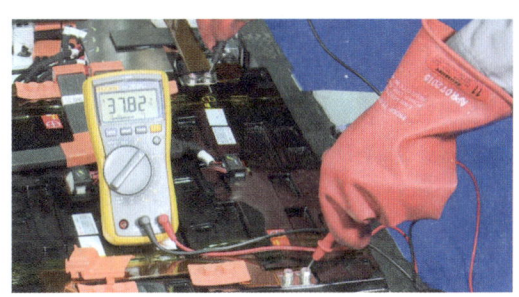

图2-3-21　测量12号模组的电压

16）用万用表测量7号电池模组的电压，为56.78V，如图2-3-22所示。

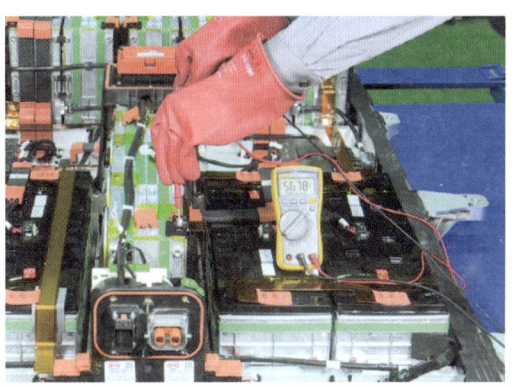

图2-3-22　测量7号电池模组的电压

7号模组与后面7个形状相同模组的电压相同。

17）用万用表测量3号电池模组的电压，为30.29V，如图2-3-23所示。

图 2-3-23　测量3号电池模组的电压

动力蓄电池电压为上述13个电压串联而成，因此总电压为635.9V。

学习小结

1. 电动汽车动力蓄电池也称为电池包，是由很多个单体电池封装在一起形成的。由于单体电池数量庞大，因此需要有效、合理的封装形式，通过串联、并联等形式来提高电压或增加容量。

2. 电池管理系统是电池保护和管理的核心部件，在动力蓄电池系统中，它的作用就相当于人的大脑。它不仅要保证电池安全可靠地使用，而且要充分发挥电池的能力和延长使用寿命，可作为电池和整车控制器以及驾驶人沟通的桥梁，通过控制接触器控制动力蓄电池组的充放电，并向整车控制器上报动力蓄电池系统的基本参数及故障信息。

学习情境 3

电池管理系统的更换与故障诊断

学习目标

- 能通过查阅相关维修技术资料等方式获取车辆信息。
- 能根据维修要求制订正确的操作计划。
- 能按照正确操作规范进行动力蓄电池信息的读取。
- 能按照正确操作规范进行动力蓄电池电源故障的诊断检测。
- 能按照正确操作规范进行绝缘检测。
- 能按照正确操作规范进行冷却液异常的检修。
- 能按照要求整理现场。

学习单元 3.1　电池管理系统认知

情境导入

小李在吉利4S店工作,接了一辆吉利EV450电动汽车,需要利用诊断仪读取电池信息,你知道如何进行正确的操作吗?

理论知识

3.1.1　电池管理系统的作用

电池管理系统是为了合理地控制电池给汽车提供动力的中间环节,也是电动汽车安全行驶的必要条件。其主要功能是

3.1　电池管理系统认知

管理以及监控电池组的工作状态，主要由电池状态监控、电池均衡管控、电池剩余电量估计、安全管理、温度控制和通信功能组成。其整体系统框图如图 3-1-1 所示。

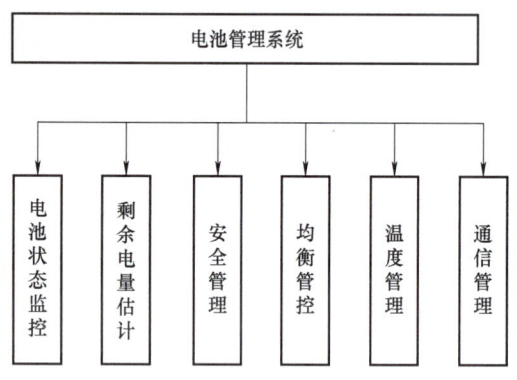

图 3-1-1　电池管理系统框图

1. 电池状态监控

电池状态监控的主要功能是实时监测电池电流、电压和温度等信息。电流监测主要实现对电池组整体的电流的采集，并实时上传数据；电压监测包括电池组整体电压和单体电压检测两个部分，然后实时上传数据；同样，温度监测是对电池组和整个系统进行检测，并实时上传数据；总而言之，电池工作状态监控是整个系统正常运行必不可少的功能。

2. 电池均衡管控

电池均衡管控是电池管理系统关键技术的组成部分。由多个不同的电池构成电池组不仅缩短电池的使用寿命，而且会导致整个电池组的放电效率大大降低，为了消除这些弊端就必须消除或避免电池的不一致性，因此电池均衡管控是电池管理系统中不可或缺的一部分。

3. 电池剩余电量估计

电池剩余电量估计也是电池管理系统关键技术的组成部分，电池剩余电量就类似于燃油汽车的油表盘，通过剩余电量估计，可以实时了解电动汽车电量的使用情况，并估计剩余可行驶里程。电池剩余电量通常可用 SOC 表示，数值一般以百分数形式显示。

4. 安全管理

安全管理主要是对整个系统进行安全保护。其主要包括电压、电流、过充、过放以及温度过热保护等。

5. 温度控制

温度控制是为了调节电动汽车行驶时电池发热温度，在温度超过限定值时，电池管理系统开始进行温度调节，使温度保持在正常工作范围内。

6. 通信功能

通信功能是实现信息交互，是连接汽车设备与电池管理系统间的媒介，目前常用的通信方式是通过 CAN 总线进行数据传递，CAN 总线具有传递效率高、信号稳定和传输速度快等优点。除此之外，电池管理系统内部也需要进行数据交互，一般采用 DART 通信或者 RS232 通信。

3.1.2　电池管理系统的工作方式

电池管理系统工作时需要进行动力蓄电池状态相关参数的采集及处理，动力蓄电池的状态管理主要包括电池状态的监测和电池状态的评估。电池状态的监测包括电压监测、电流监测和温度监测等，电池状态的评估包括剩余电量估算及电池老化评估等。电池状态的监测主要是进行电池信息的采集，目前，信息采集系统有三种拓扑结构，一种是分散式信息采集系统，如图 3-1-2 所示。

分散式信息采集系统的电压、温度等信息采集及状态评估等信息，通过总线与主控通信。这种拓扑结构的优点是设计、构造简单，连线少，可靠性高，便于扩展。但是这类拓扑结构每支电池都需要一块控制板,安装烦琐,成本高。

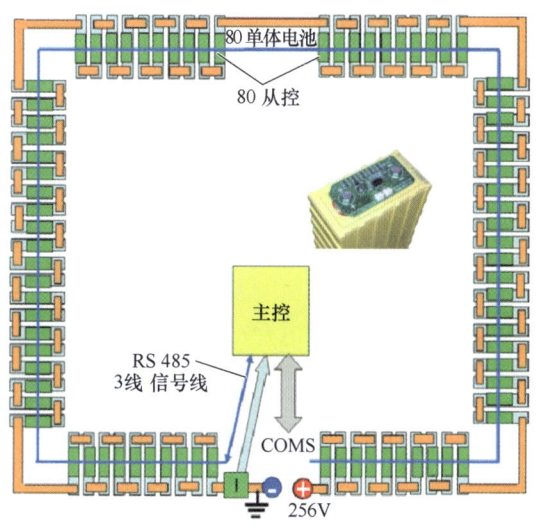

图 3-1-2　分散式信息采集系统

另一种是集中控制式信息采集系统,如图 3-1-3 所示。

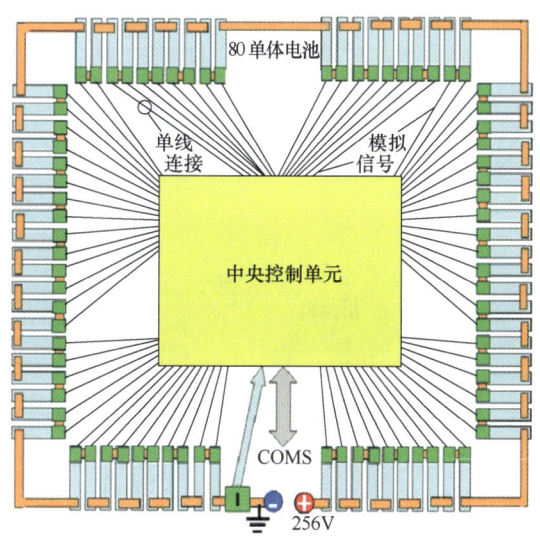

图 3-1-3　集中控制式信息采集系统

集中控制式信息采集系统电压、温度等信息采集以及状态评估等工作均由主控完成(无从控),主控与电池无总线通信,直接由导线相连。这种拓扑结构的优点是设计、构造简单,缺点是连线长、连线多,可靠性不高,管理电池数量不能太多。

还有一种是集合上述两种方式,采用一主多从的分布式拓扑结构。数个从控分别进行分布式信息采集,然后再进行主控,如图 3-1-4 所示。

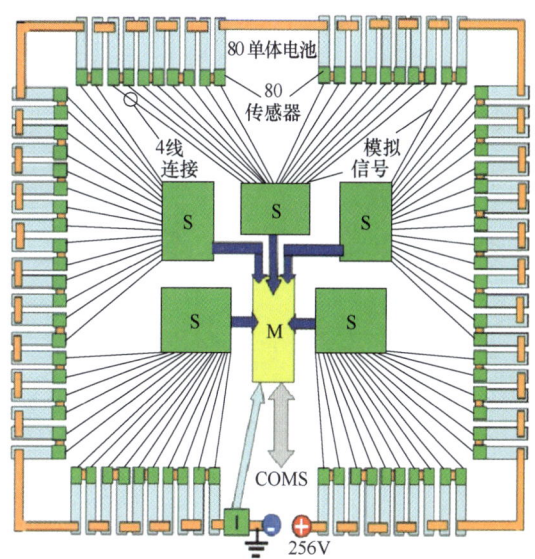

图 3-1-4　分布式信息采集系统

分布式信息采集系统的电压、温度等信息采集以及状态评估等工作由从控完成,一个从控管理若干电池,主控与从控总线通信,并和外部进行通信。这种形式的优点是:不需要在每支电池上安装控制电路板,连接灵活;从控离电池近,避免过长连线;便于扩展。缺点是:需要考虑主从控之间的通信隔离,通信多样、控制复杂。大部分动力蓄电池信息采集系统采用了这种形式,如图 3-1-5 所示。

可以看出,图 3-1-5 中电池管理系统采用了一个主控盒和两个分控盒通信,两个分控盒分别控制五个电池模组。电池模组端的电压、温度等参数通过传感器将信号传递给监测模块,各个监测模块将信息通过内部

CAN 总线传递给主控模块,主控模块和其他控制部分通过外部 CAN 进行通信。

典型三级分布式电池管理系统的组成框架如图 3-1-6 所示。

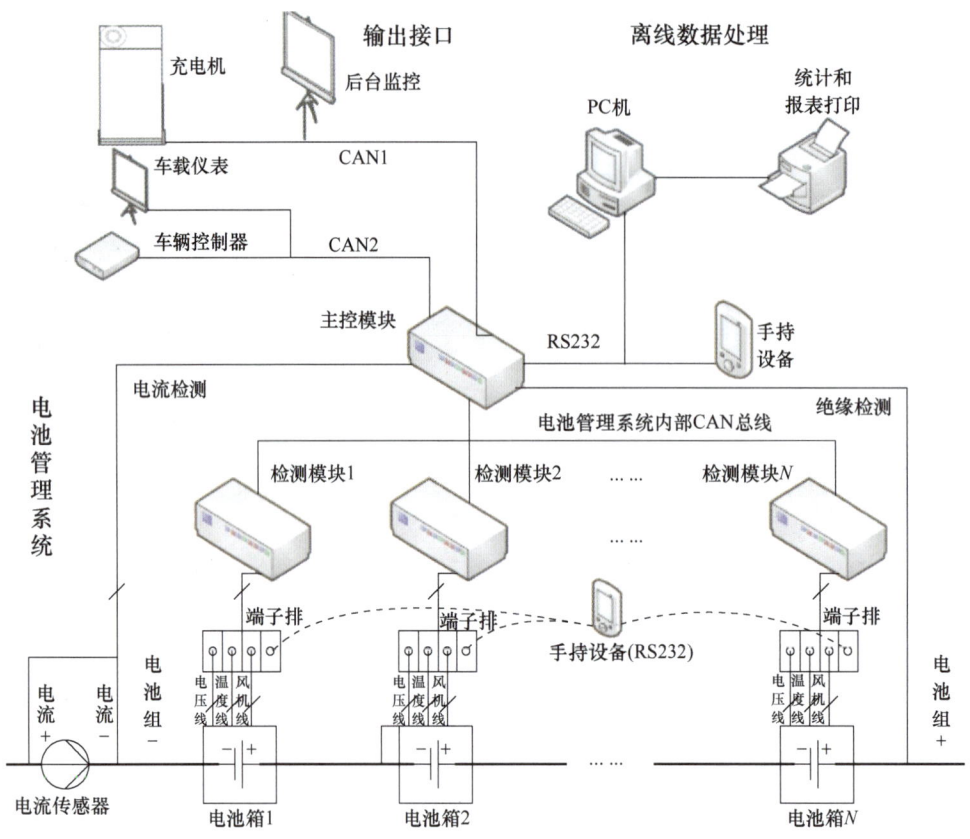

图 3-1-5　典型电池管理系统的拓扑结构

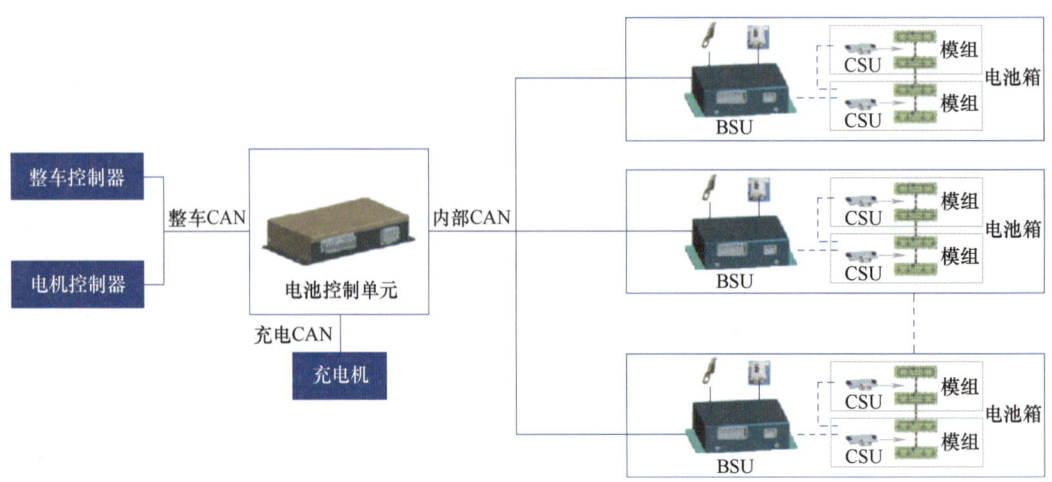

图 3-1-6　典型三级分布式电池管理系统的组成框架

3.1.3 吉利 EV450 电池管理系统电路

吉利 EV450 的电池管理系统电路如图 3-1-7 所示。

可以看出，电池管理系统模块和直流充电插座、诊断接口等都由线束连接。线束插接器定义见表 3-1-1。

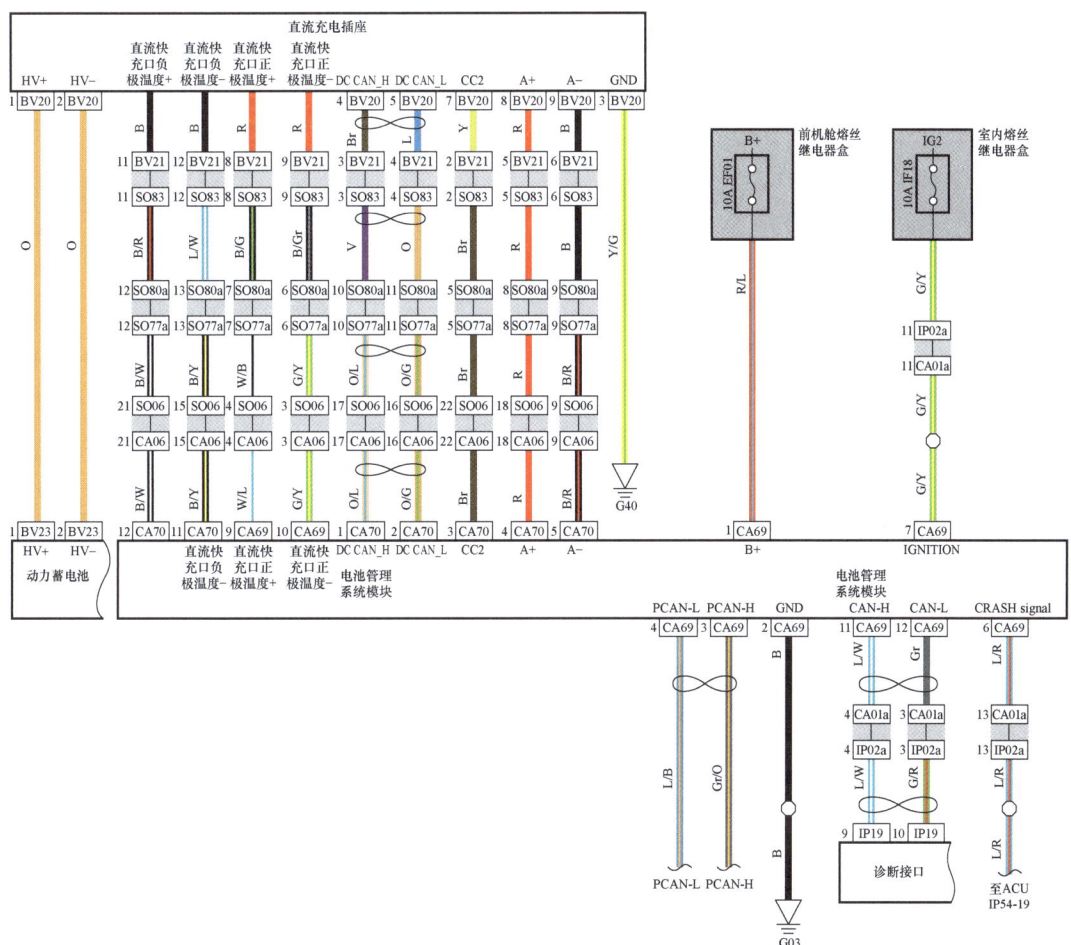

图 3-1-7　吉利 EV450 的电池管理系统电路

表 3-1-1　电池管理系统模块线束插接器定义

线束插接器	名　　　称	线束插接器	名　　　称
CA01a	前机舱线束接仪表线束插接器 1	BV23	接动力蓄电池线束插接器 2
CA69	电池管理系统模块线束插接器 A	CA06	前机舱线束接底板线束插接器
CA70	电池管理系统模块线束插接器 B	SO06	底板线束接前机舱线束插接器
IP02a	仪表线束接前机舱线束插接器 1	SO77a	底板线束对接左 EPB 卡钳线束插接器
IP19	诊断接口线束插接器	SO80a	左 EPB 卡钳线束对接底板线束插接器
BV20	直流充电插座线束插接器	SO83	接直流充电插座线束插接器
BV21	接低压线束插接器（直流 1）		

拓展阅读

3.1.4 某集中式电池管理系统功能

集中式电池管理系统对电池和电动汽车整机的状态完成监控管理，系统通过硬件功能电路和嵌入式软件读取状态数据并上报故障信息。电池管理系统功能一般分为状态管理和故障诊断，具体对应功能分布如图3-1-8所示。

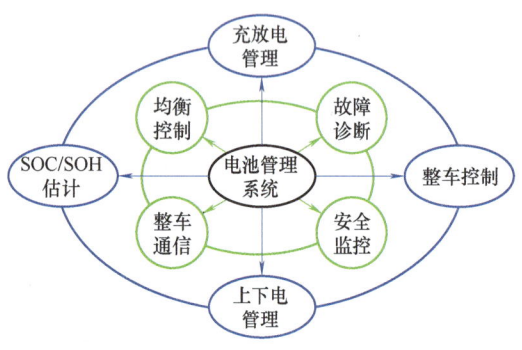

图3-1-8 集中式电池管理系统功能

其中，电池管理系统状态数据处理主要完成对电池 SOC 估计，在此之前需对其进行等效电路模型参数化。在对电池模型进行等效时需要考虑系统主频、计算量、功能需求等因素，选择既要保证系统的准确性，也要保证系统的实时性和可靠性，对应的模型能够保证精度也要对计算量有所限制，不能过高影响 MCU 的实时处理整车和电池故障等其他动作。

总结当前国内外对 SOC 测定的主流方案研究，像安时积分法，通过电流对时间的积分完成对剩余电量估计，由于是开环估计且没有修正，因此容易导致误差累积；断路电压法，电池断路电压和电动势基本保持一致，电压、容量及溶液密度关系近线性；卡尔曼滤波算法，基于等效电路建立状态空间方程，保持最优估计的最小均方误差进行迭代推算，这种方法误差较小，但硬件要求较高。

另外还有神经网络法、内阻法、模糊推理法等，但是这些估算算法在应用上多少存在约束：神经网络法和模糊推理法需经大量训练，断路电压法只适用于离线估算，安时积分法存在初始的积分误差和误差累积，卡尔曼滤波计算量大，对硬件要求高。因此考虑使用断路电压法离线估计初始 SOC，使用安时积分法计算动态 SOC 增量，卡尔曼滤波基于安时积分法和电池状态空间表达式来完成主要的模型估计和预测，最终通过软硬件系统联调测试来调整状态估计算法及完成电池管理系统功能搭建。

实践技能

3.1.5 吉利 EV450 电池信息的读取

连接诊断仪，如图3-1-9所示。

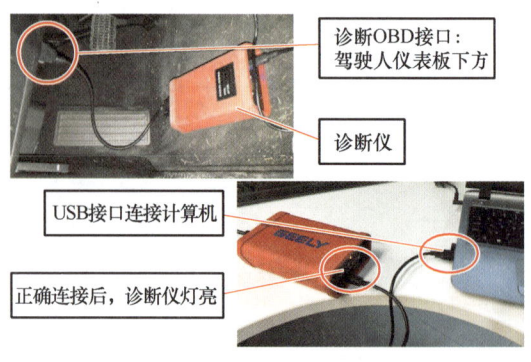

图3-1-9 诊断仪的连接

双击桌面诊断仪图标，打开诊断软件，如图 3-1-10 所示。

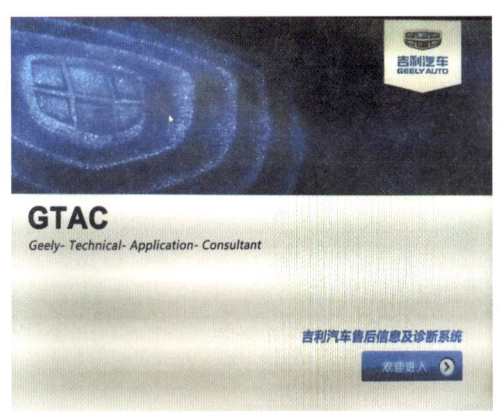

图 3-1-10　打开诊断软件

单击欢迎进入，如图 3-1-11 所示。

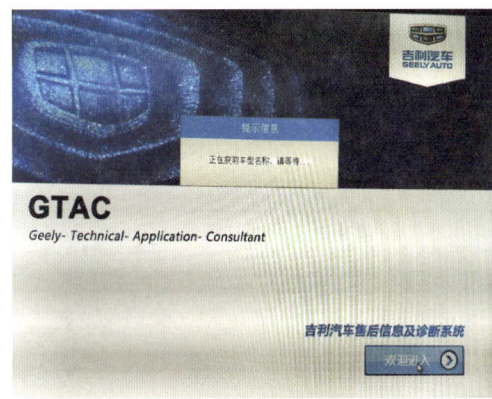

图 3-1-11　单击欢迎进入

进入主界面，如图 3-1-12 所示。

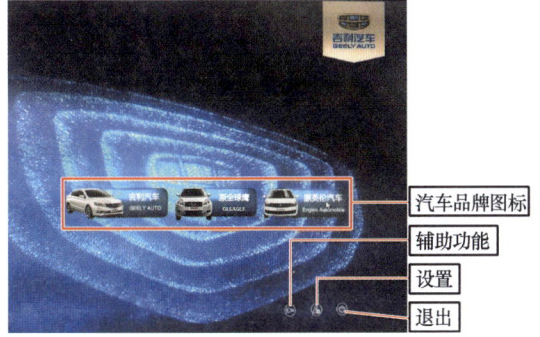

图 3-1-12　进入主界面

单击"吉利汽车"，如图 3-1-13 所示。

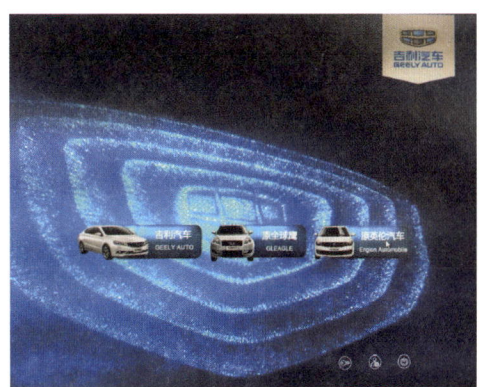

图 3-1-13　单击吉利汽车

进入车型选择界面并选择相应车型，如图 3-1-14 所示。

图 3-1-14　进入车型选择界面

进入系统选择界面选择手工选择系统，如图 3-1-15 所示。

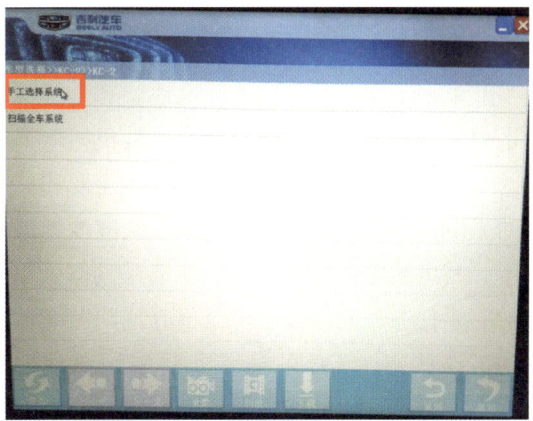

图 3-1-15　手工选择系统

选择电池管理系统，然后选择读取数据流，即可读取电池信息。

> **学习小结**
>
> 1. 电池管理系统是为了合理地控制电池给汽车提供动力的中间环节，也是电动汽车安全行驶的必要条件。其主要功能是管理以及监控电池组的工作状态，主要由电池状态监控、电池均衡管控、电池剩余电量估计、安全管理、温度控制和通信功能组成。
> 2. 电池管理系统工作时需要进行动力蓄电池状态相关参数的采集及处理，动力蓄电池的状态管理主要包括电池状态的监测和电池状态的评估。电池状态的监测包括电压监测、电流监测和温度监测等，电池状态的评估包括剩余电量估算及电池老化评估等。

学习单元 3.2　电池管理系统故障诊断

> **情境导入**
>
> 小李在吉利 4S 店工作，接了一辆吉利 EV450 纯电动汽车，利用诊断仪不能正确读取电池信息，经检查为电池管理系统电源故障，你知道如何进行相应的检测吗？

> **理论知识**

电池管理系统的控制和算法的实现主要是以电压、电流、温度这三个物理量为基础的，所以数据采集结果的准确性直接影响电池管理系统的整体性能，具体涉及电池 SOC 的估算、均衡控制的效果、电池充放电效率以及电池状态分析等。

电池工作参数的检测是电池管理系统最主要的功能之一，电池的工作参数包括电池的电压、工作电流以及温度。具体需要测量的是电池的电压、充放电电流以及电池的温度。其中对单体电池电压的测量是数据采集的首要任务，通过电压可以很好地判断电池的工作状态，SOC 的估算需要用到单体电池电压，其他功能的实现也需要通过电压数据进行计算。

3.2.1　电压的测量

电压检测分为两部分，即动力蓄电池的电压测量和电池模组的电压测量。

1. 动力蓄电池的电压测量

动力蓄电池一般在母线上设置电压测量模块来测量电压。典型的动力蓄电池电流和电压监测如图 3-2-1 所示。

图 3-2-1 电压的监测是通过并联三个电压传感器 V1、V2 和 V3 来进行测量的。

动力蓄电池不进行充放电时，正、负继电器和预充电继电器都断开。此时，$u1$ 和 $u2$ 为动力蓄电池断路电压，V3 测量高压用电设备电压，且有 $u1 = u2$，$u3 = 0$。

3.2　电池管理系统故障诊断

当动力蓄电池放电时，首先，预充电继电器和负极继电器闭合，V1 测量动力蓄电池工作电压，V2、V3 测量高压用电设备电压，且有 $u1 > u2 = u3$；然后，预充电继电器断开，正负极继电器闭合，此时 V1、V2、V3 测量动力蓄电池工作电压，且有 $u1 = u2 = u3$。

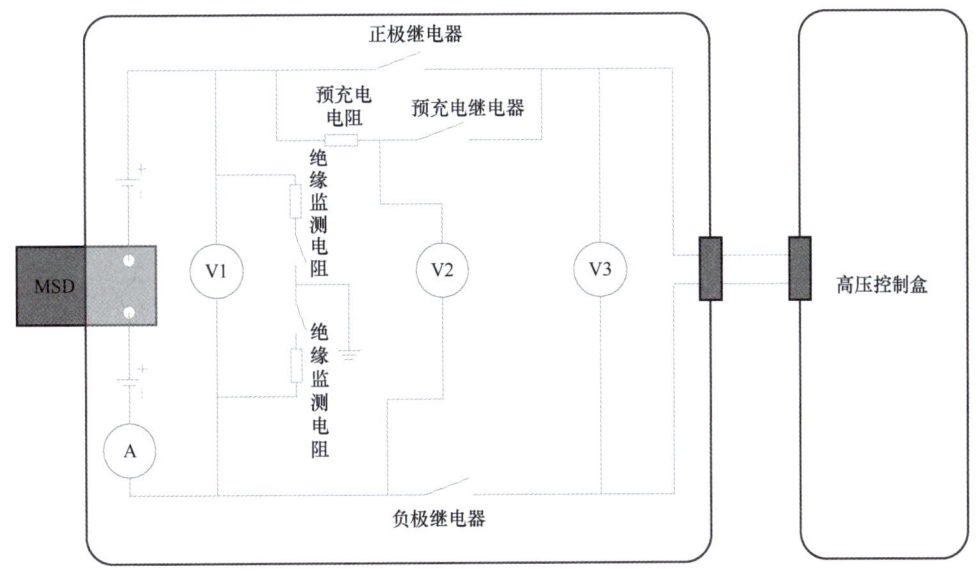

图 3-2-1　典型的动力蓄电池电流和电压监测

当外部向动力蓄电池充电时，预充电继电器和负极继电器闭合，此时 V1 测量动力蓄电池电压，V2、V3 测量外部充电电路电压，且有 $u1 < u2 = u3$；然后预充电继电器断开，正负极继电器闭合，此时 V1、V2、V3 测量动力蓄电池工作电压，且有 $u1 = u2 = u3$。

通过三个电压测量模块共同测量，来确定动力蓄电池充放电状态，并能正确测量动力蓄电池电压和外部充电电路电压。

动力蓄电池电压主要的故障现象有：动力蓄电池过电压、欠电压和电压异常。动力蓄电池过电压的现象为，高压检测到动力蓄电池电压大于某阈值，欠电压的现象为，动力蓄电池电压小于某阈值，动力蓄电池总电压异样表现为，总电压值大于单节电池电压值与数量的乘积。以上情况一旦出现，电池控制单元将会更新故障标志，并且根据相应的故障等级对故障码进行储存以及点亮故障警告灯，同时采取相应的故障解决措施。

2. 电池模组的电压测量

电池模组电压采集目前有两种方式，一种是通过搭建电压采集电路进行采集，另一种是通过专用电压采集芯片进行采集。搭建电压采集电路主要有两种常用的方法，即共模测量法和差模测量法。共模测量法是相对于同一参考点，采用精密电阻等距比例衰减之后测量各点的电压，也就是先采集第 n 节电池的总电压，再采集第 $n+1$ 节电池的总电压，最后相减得到每节电池的电压，原理如图 3-2-2 所示，这种方法原理简单，测量的精确度不高。

差模测量法是通过继电器选通单体电池直接进行测量，此方法采集精度比较高，但电路也比较复杂，原理如图 3-2-3 所示。

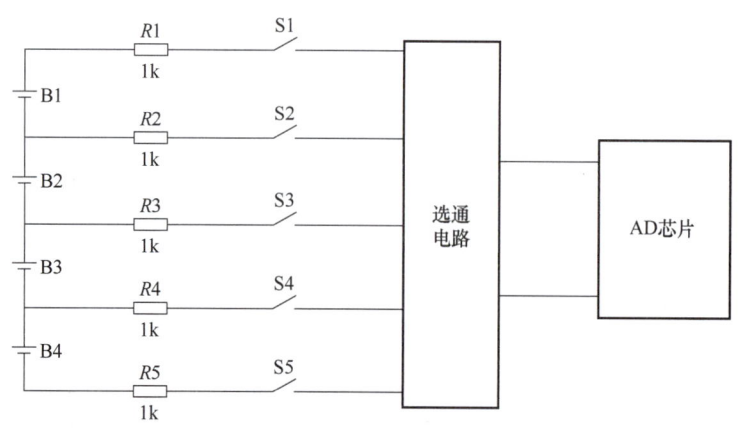

图 3-2-2　共模测量法

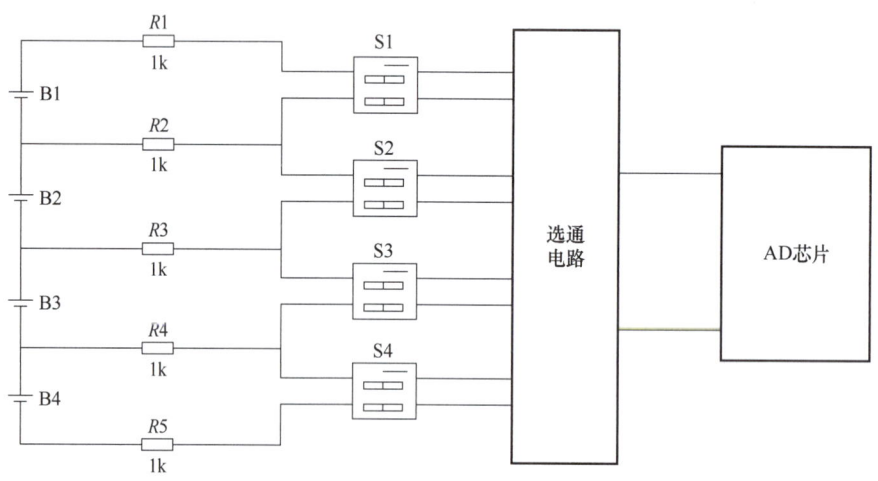

图 3-2-3　差模测量法

很多大型半导体器件生产企业面向电动汽车电池管理系统开发出专用的芯片，目前市场上有多款电池管理系统数据采集专用芯片，选用专用集成芯片，与搭建电压采集电路相比，电路得到了很大的简化，降低了电路设计的复杂程度，而且其安全性和稳定性较好，测量精度高。

电池模组主要的故障现象有：电池组过电压、欠电压以及电池模块电压异常。电池管理系统将会设置固定的采样时间对动力蓄电池电压以及电池组电压进行监控，并且采用两种安全保护机制。第一种针对电池的欠电压，电池管理系统将请求降功率措施。第二种针对电池的严重过电压、欠电压，电池管理系统将请求切断高压接触器。

比亚迪 E5 动力蓄电池采用了共模测量法，测量点如图 3-2-4 所示。

比亚迪 E5 的动力蓄电池模组内，每个模组的正负极各引出一个测量端子，用来采集模组内的各个点和负极母线的电压，然后相减得出每个模组的电压。

学习情境 3　电池管理系统的更换与故障诊断

图 3-2-4　比亚迪 E5 动力蓄电池模组的电压测量

3.2.2　电流的测量

电流的采集相比电压而言，采集的通道数较少，因为锂离子电池往往串联使用，各个电池的工作电流相同，只测量串联之后的总电流就可以了。在电流监测时，一般将电流信号转换为电压信号，基于此测量方法，电流采集主要有基于串联电阻采样和基于霍尔电流传感器采样两种方案。前者是在电流流过的主回路中串联采样电阻，该采样电阻阻值极小、精度较高且温度漂移小，但是存在热损耗和隔离问题，如果增加隔离电路会使电路变得复杂。后者是利用霍尔效应来检测电流的一种电子元件，可以测量从直流电到几十千赫兹的交流电，测量精度高，灵敏度好。

电流采集的准确与否不仅会影响 SOC 的估算，还会影响保护方案的设置，对整个电池管理系统的性能及安全性至关重要。电流检测一般有两种方案，一种是电阻检测法，即通过欧姆定律计算电池组的电流。这种方法原理虽然简单，但是由于外部条件的干扰需要做好隔离设计，电路比较复杂；另一种方案是通过霍尔电流传感器采集，将电源线穿过霍尔电流传感器，通过电磁感应获取电流值。

电流对于电池的状态估算至关重要，在汽车电子领域，对于电流传感器的精度、鲁棒性、温度漂移和线性都具有一定的要求。

分流器是通过串联于电流通路的微小电阻产生的电压变化来测量电流的设备。由于动力蓄电池的工作环境特殊，分流器需要在大电流的工况下工作，电阻表面的温度将会影响采样精度。所以对于分流器的选型，应该选择低温度漂移、低功率系数和低热电势的产品。由于其电压输出值为毫伏级别，所以在使用时需要复杂的调理电路。典型的分流器如图 3-2-5 所示。

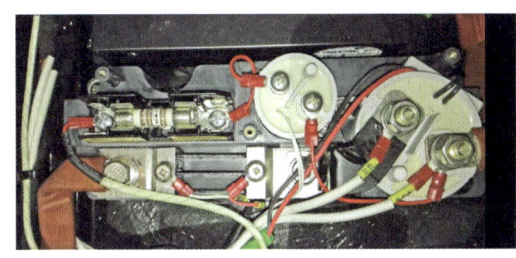

图 3-2-5　典型的分流器

开环霍尔电流传感器采用霍尔直放式原理，电流产生的感应磁场在垂直于电流及磁场的霍尔元件端面上形成霍尔电压。霍尔电压大小与原边电流以及磁感应强度成正比。闭环霍尔电流传感器采用磁平衡原理，由霍尔元件控制电流流过二次绕组产生磁场补偿，当磁平衡时，补偿值可以准确表现实际值。由于闭环霍尔电流传感器工作状态为零磁通，磁芯的非线性以及磁滞对输出影响较小，所以闭环霍尔电流传感器的响应时间以及精度较开环霍尔电流传感器更有优势，闭环更适用于小电流的检测，但动力蓄电池在现实工况中将通过百安量级的电流。

某车型采用开环霍尔电流传感器，传感器安装于高压电控总成内部，如图 3-2-6 所示红色圈内部分。

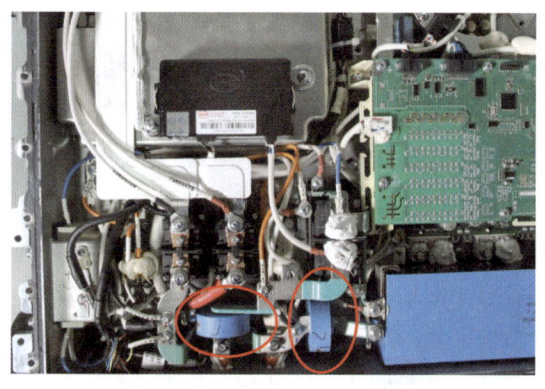

图 3-2-6　比亚迪 E5 电流传感器

磁通门电流传感器利用高磁导率、易饱和的线束铁心在交变磁场的激励下，磁感应强度与磁场强度的非线性关系来测量弱磁场，从而达到测量电流的目的。

磁通门电流传感器的优势在于无偏移误差、高精度、低线性误差以及完全的电隔离。磁通门电流传感器多用于混合动力以及新能源汽车动力蓄电池，传统的铅酸蓄电池以及电池管理系统的精确测量模块，用于更精确的电池状态的输出。在汽车级别的应用中，器件供应商在传感器中嵌入 CAN 模块，可以通过 CAN 通信直接传送被测电流值。在本课题中，鉴于成本以及测量精度，母线电流的检测使用磁通门电流传感器，出于功能安全的考虑，本系统还增加了冗余的霍尔电流传感器。

电池包由多个模组串联而成，模组内会有多节串联的电池组，单个电池组由多个电芯并联。电池管理系统电压、电流采样的基本结构如图 3-2-7 所示，在电池包中，每个模组都会有一个 CMU 检测以及控制，CMU 内部的模拟前端会采集各模组内部电池组电压和模组电压，电池包高压部分检测由电池控制单元执行。

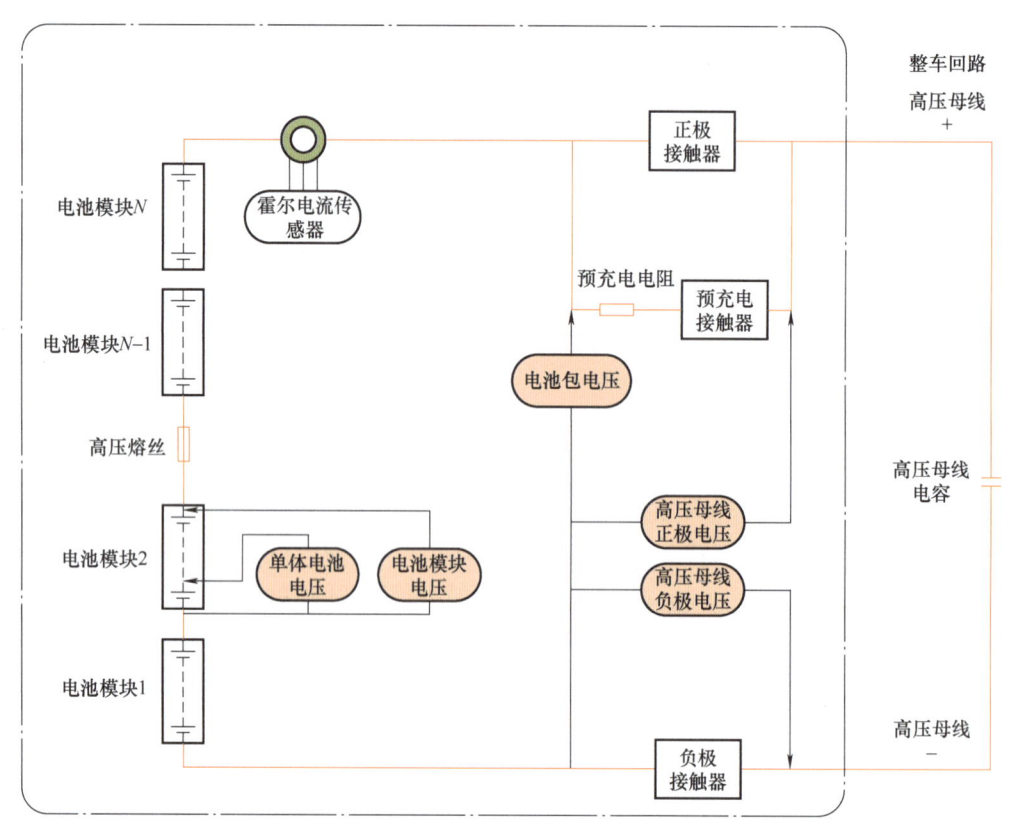

图 3-2-7　电池管理系统电压、电流采样的基本结构

> 拓展阅读

3.2.3 典型电动汽车电池管理系统

国外发达国家对于电池管理系统的研究起步早、发展快,有些技术已经能实现产业化。早在1991年,美国的通用、福特和克莱斯勒三大汽车公司就成立了"先进电池联合体",共同致力于电动汽车先进技术的研究;日本的丰田公司早在十几年前便开始了电池管理系统的研发,其混合动力汽车技术世界一流;欧盟以及其他国家也积极投入其中,如今都已经取得了不错的技术成果。

美国作为发达国家的代表,对于电动汽车技术的研究一直走在世界的前列。最先提出电池管理系统概念的是 The University of Toxed。目前比较典型的电池管理系统有美国 ACPropulsion 公司的 BATOPT 系统、Aerovironment 公司 SmartGuard 系统、通用公司 EVI 电池管理系统以及近几年以来比较火热的特斯拉(Tesla)电动汽车电池管理系统。BATOPT 系统是一个分布式系统,由主控模块和监控模块共同实现电池管理功能。监控模块通过两条总线向主控芯片实时传递电池组的信息,然后主控芯片通过这些信息对电池组进行优化处理。SmartGuard 系统采用分布式结构,主要提供自动监测电池过充电、电压与温度采集以及提供最差单体电池的数据。美国通用公司研发的 EVI 电池管理系统利用微处理器对 26 块串联而成的铅酸蓄电池组进行监控,从而获取电池组信息,估算电池的 SOC。该管理系统主要由电池模块(包含电池组和管理软件)、电池组热管理模块、高压自动断电保护模块三个部分组成。实现单体电压、温度监测,电池组电流的采样,电池过放报警和高压保护等功能。此外,美国特斯拉公司生产的高档电动汽车让全世界瞩目,其代表性车型 MODELS 续驶里程高至 500km,百公里加速只需 4.4s,可与传统的燃油汽车相媲美,它采用 6000 多节锂离子电池构成动力蓄电池,给电动汽车提供充足的动力,该动力蓄电池设有其自主研发的电池管理系统,能够有效监测电池组异常并进行修复,保障整个动力蓄电池的安全。

日本对电池管理技术的研究同样历史悠久,1995年,日本的索尼公司首次研发出第一款电动汽车,虽然这款电动汽车的续驶里程只有200km,最高时速120km/h,但是该电动汽车仅由96节锂电池构成,电源的动力系统得到了有效利用。丰田汽车公司于1997年在世界上首次实现了混合动力电动汽车的大批量生产。而且日本汽车企业电池管理系统技术的专利申请数目更是占据绝对的优势,这其中既包括丰田、本田、三洋、富士、三菱等大规模的汽车厂商,矢崎总业株式会社、电装株式会社等汽车零部件供应商,还包括松下等一些非汽车企业。这些专利申请数目充分地表明了日本在电池管理系统技术方面取得的突出成绩,同时也体现了汽车行业的发展带动了日本各个行业的研发与进步。PHam德国在汽车制造业方面一直独树一帜,在电池管理系统方面比较有名的有 BADICHEQ 系统、BADICOACHB 系统和 BATTMAN 系统。BADICHEQ 系统最多可以管理20节电池,在原有系统的采集功能之外,又增加了电池组的均衡控制功能和记录电池组的运行数据信息。BADICHEQ 系统的单体电池都采用非线性的电路对电压及温度进行监测，然后使用单一的信号线将单体电池信息传递给主控芯片；还细化了电池管理系统的 SOC 等其他功能。BATTMAN 系统是 B. Hauck 公司对不同型号的动力蓄电池设计的电池管理系统，与其他的系统相比较而言，优势在于该系统的普遍适用性，只要调整好硬件的跳线、软件的参数，不同型号的电池都可适用，降低了系统的成本。

 实践技能

3.2.4 吉利 EV450 电池管理系统电源故障的诊断

吉利 EV450 电池管理系统电源故障时，通过诊断仪可以读取相应的故障码，见表 3-2-1。

表 3-2-1 电源故障码

故障码	说明
U3006-16	控制器供电电压低
U3006-17	控制器供电电压高
U3006-29	上高压过程中铅酸电池电压无效

电池管理系统电源故障诊断流程如下：

用诊断仪访问电池管理系统模块，检查是否输出 DTC，有 DTC 代码，则根据代码进行相应的维修。

没有 DTC，则用万用表检查铅酸电池电压是否正常。电压标准值为 11～14V。如不正常，则对铅酸电池进行充电或更换新的蓄电池。

如检查正常，则检查电池管理系统模块熔丝 EF01 和 IF18 有无故障。

如熔丝有故障，则检查相应电路有无短路现象。如果电路短路，则更换额定电流的熔丝，熔丝的额定值：EF01 为 10A、IF18 为 10A，再次确认电池管理系统模块是否正常工作。如果正常，则维修完成，系统正常。

如熔丝无故障，检查电池管理系统模块线束插接器（端子电压）：操作起动开关使电源模式至 OFF 状态。断开电池管理系统模块线束插接器 CA69。操作起动开关使电源模式至 ON 状态，测量电池管理系统模块线束插接器 CA69 端子 1、7 对车身接地的电压。电压标准值为 11～14V，确认电压是否符合标准值。如果不符合，则维修或更换线束。

如果符合标准值，则检查电池管理系统模块线束插接器（接地端子导通性）：操作起动开关使电源模式至 OFF 状态，测量电池管理系统模块线束插接器 CA69 端子 2 与车身接地之间的电阻值。电阻标准值：小于 1Ω，确认电阻是否符合标准值。如果不符合，则维修或更换线束。

如果符合标准值，则检查电池管理系统模块与整车控制器之间线束插接器的数据通信线：操作起动开关使电源模式至 OFF 状态，将蓄电池负极电缆从蓄电池上断开，断开电池管理系统模块线束插接器 CA69，从整车控制器上断开线束插接器 CA66。测量电池管理系统模块线束插接器 CA69 端子 3 与整车控制器线束插接器 CA66 端子 8 之间的电阻值。测量电池管理系统模块线束插接器 CA69 端子 4 与整车控制器线束插接器 CA66 端子 7 之间的电阻值。电阻标准值：小于 1Ω，确认电阻是否符合标准值。如果

不符合，则维修或更换线束。

如果符合标准值，则判定为电池管理系统模块损坏，更换电池管理系统模块。

> **学习小结**
>
> 1. 电池管理系统的控制和算法的实现主要是以电压、电流、温度这三个物理量为基础的，所以数据采集结果的准确性直接影响电池管理系统的整体性能，具体涉及电池SOC的估算、均衡控制的效果、电池充放电效率以及电池状态分析等。
> 2. 电压检测分为两部分，即动力蓄电池的电压测量和电池模组的电压测量。
> 3. 在电流监测时，一般将电流信号转换为电压信号，基于此测量方法，电流采集主要有基于串联电阻采样和基于霍尔电流传感器采样两种方案。

学习单元 3.3　动力蓄电池绝缘阻值检测

情境导入

小李在吉利 4S 店工作，接了一辆吉利 EV450 纯电动汽车，报绝缘故障，更换母线后故障现象消失，你知道如何进行相应的检测吗？

理论知识

3.3.1　接触器状态检测

根据危害分析风险评估，当整车遇到过电流、欠电压或过温度等状况时，需要电池管理系统发出切断接触器的指令，保证动力蓄电池以及交通参与者的安全。但是在现实工况下，接触器会发生粘连以及无法吸合的情况，所以在设计过程中需要对接触器的驱动线圈回路以及接触器端电压进行诊断，以反馈接触器按照正确的指令执行相对应的操作。

当电池管理系统发出断开接触器信号后，主控单元将会检测接触器触点的电压，压差超过某阈值表示接触器状态正常，压差低于某阈值表示接触器可能粘连。电池管理系统发出闭合接触器指令后，主控单元也会检测接触器两端的电压，电压小于某阈值时表示接触器正常闭合，压差大于某阈值时表示接触器不能正常吸合。

3.3　动力蓄电池绝缘阻值检测

除了诊断接触器两端电压，本系统也拥有线圈回路的诊断功能。接触器线圈回路的控制以及诊断使用高低边驱动模块。高边驱动芯片模块具有诊断以及保护电路的功能，包含 MOSFET 的开通关断信号、驱动电压的输入输出以及状态回读信号。高边驱动（High Side Driver，HSD）可根据输入信号的高低、状态回读信号以及输出的电压值来区分正常工作状态、过温、欠电压、过载或者对地短路、输入输出短路以及接触器断路等工作状态。低边驱动（Low Side Driver，LSD）芯片也具备逻辑输入、输入保护、过载保护、过电压保护以及断路保护等功能。通过输入信号标志以及输出电压，低端驱动能够诊断出接触器正常工作状态、接触器驱动断路以及接触器驱动短到地等情况。

对于驱动控制资源不足的情况，一般采用多个接触器复用同一高边驱动并且各自使用不同的LSD。在图3-3-1中，供电电压是12V，接触器共用HSD，这种情况下，诊断覆盖率将会有局限性。如果HSD、LSD1以及LSD2均正常，那么接触器2断开的故障将诊断不出。如果HSD与LSD1正常，LSD短接到地将诊断不出。

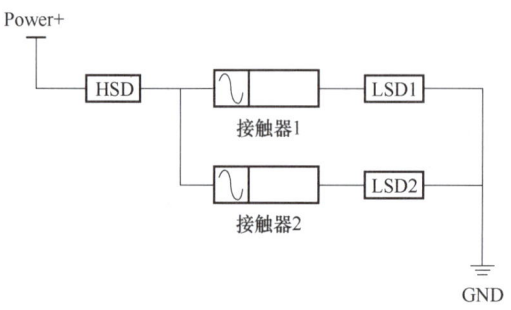

图3-3-1　HSD复用示意图

3.3.2　绝缘检测

动力蓄电池是有源系统，在测量绝缘电阻的过程中，可以利用自身的电源。而普通的材料测量绝缘，则需要借助测量仪器的电源进行。动力蓄电池绝缘电阻指的是：若动力蓄电池与车身公共接地之间某处发生短路，最大的漏电流值相对的阻值。在现实情况下，由于车辆的振动、绝缘漆、冷却液体和电解液的潜在影响，动力蓄电池正负母线对于底盘接地都有各自的绝缘电阻，并且电动汽车动力蓄电池绝缘电阻的取值以正负母线绝缘电阻值较小的为准。当母线的一边和底盘发生短路时，泄漏电流的大小由另一边的对底盘接地的电阻决定，无论哪一侧发生对地短路，电阻值越小就意味着电流越大，当电流超过人体的安全阈值时，将会发生触电危险。为了减小相关人员的触电风险，动力蓄电池系统需要设计绝缘检测电路，如果计算后的绝缘电阻低于500Ω/V，电池管理系统需要向整车控制器发出报警的请求。绝缘电阻值过低时，电池管理系统需要向整车控制器发送切断接触器的请求。

动力蓄电池系统的绝缘电阻测量，主要有两类方法：一类是交流信号注入法，另一类是外接电阻法。交流信号注入法，指给动力蓄电池正负极之间注入一定频率的低压交流信号，通过测量系统反馈，获得系统的绝缘电阻。缺点是，测试信号在系统中形成波纹干扰，影响系统正常工作。

外接电阻法是在正负极之间接入一系列电阻，利用电路中设置开关的通断，可以获得两个状态下电阻上的电压值，通过列出电路状态方程，两个方程联立接触动力蓄电池正极对地和负极对地的电阻值，判断电池正负极对地绝缘情况。下面是4种外接电阻测量法的图示。

1. 方法1

对称接入电路两组电阻，其中$R1$、$R2$、$R3$、$R4$为500kΩ大电阻，R和R'是200Ω小电阻。通过开关S的闭合和断开，调整$R1$的接入和切出，两次测量动力蓄电池正负极对地电压值。按照基尔霍夫定律，列出两次电路的方程，联立求解，求出动力蓄电池正负极对地的电阻，如图3-3-2所示。

学习情境 3　电池管理系统的更换与故障诊断

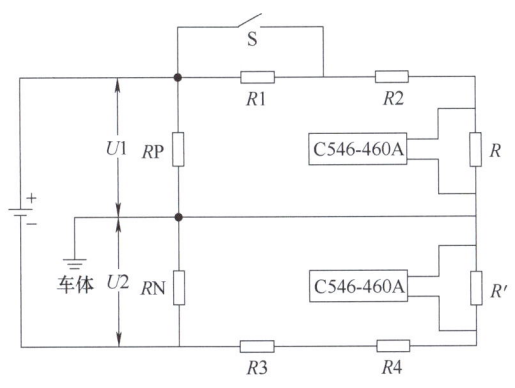

图 3-3-2　方法 1 进行绝缘检测

2. 方法 2

与方法 1 思路类似，只是电阻的具体接法不同，且端电压测量的是外接电阻两端电压。同样可以根据开关 S 通和断两种情况，列出两个方程，求解动力蓄电池正负极对地电阻值，如图 3-3-3 所示。

3. 方法 3

与方法 1 思路类似。状态 1，全部断开两个开关 S1、S2，用电压表测量正负极对地电压；状态 2，开关设置在外接小电阻电路上，闭合 S1 断开 S2，再次测量正极对地和负极对地电压。这种方法，是当前被讨论最多的一种，如图 3-3-4 所示。

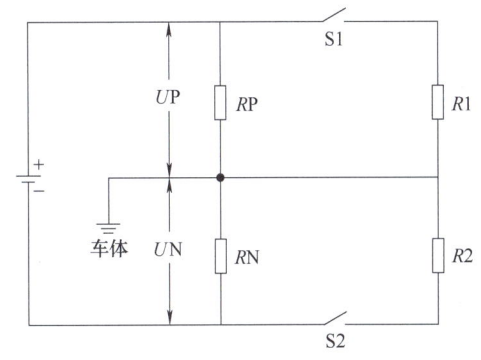

图 3-3-4　方法 3 进行绝缘检测

4. 方法 4

先分别测量动力蓄电池正负极端子对同一个电压平台电压；比较选取电压小的那一侧，并联一个已知阻值的电阻 $R0$；再次分别测量正负极端子对电压平台电压；由此可以计算出动力蓄电池正负极中对电压平台电阻较小一侧的电阻值，如图 3-3-5 所示。

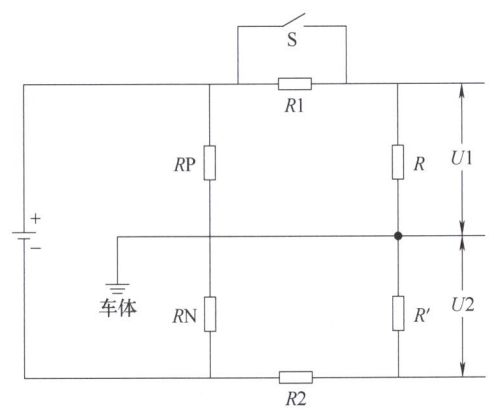

图 3-3-3　方法 2 进行绝缘测量

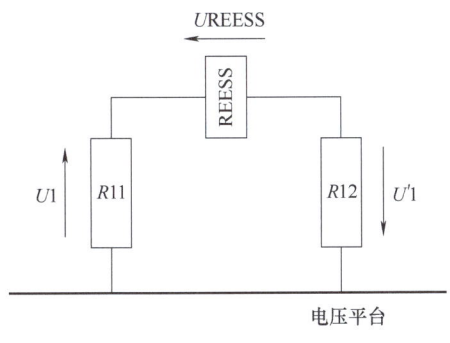

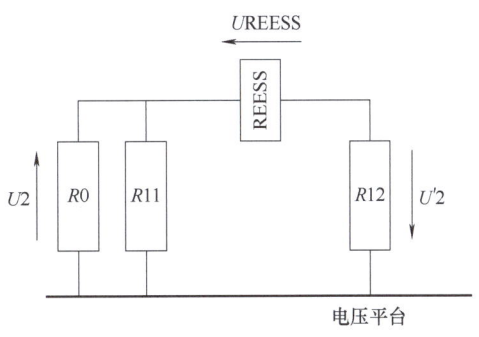

a) $U1$ 和 $U'1$ 的测量　　　　　　　　　b) 添加测量电阻 $R0$，测量 $U2$ 和 $U'2$

图 3-3-5　方法 4 进行绝缘检测

3.3.3 高压互锁检测

高压互锁（High Voltage Interlock Loop，HVIL）用于判断整个车载高压系统的完整性。在电动汽车整车系统中，判断高压电气元件的连接状态是重要环节，如果高压系统回路断开或者高压回路不完整，将会发生高压系统裸露、动力蓄电池输入输出功率下降和插接器烧结等情况，对动力蓄电池以及整车系统的安全性造成影响。高压互锁回路的输出源既可以是电池管理系统，也可以是整车控制器。

输出源电路位于电池管理系统上的绝缘检测，要求车辆其他高压部件提供互锁接口。电池控制单元的主控芯片将会发出占空比为50%的PWM信号，此信号将通过高压互锁回路的每个节点。当插接器状态异常，高压互锁回路断路，电池控制单元捕获不到有效的PWM信号时，电池控制单元将会向整车控制器发出高压互锁失效的警告。如果电池控制单元接收的PWM信号波形的占空比与发送的PWM信号占空比相差10%之内，则电池控制单元将会认为这是正常的干扰或者捕获偏差，高压互锁处于正常工作状态。如果电池控制单元检测到占空比比输入的PWM信号波形占空比大于60%，则高压互锁回路与电源短路或者断路。如果电池控制单元检测到占空比比输入的PWM信号波形占空比小于40%，则高压互锁回路对地短路。对于以上两种情况，电池控制单元将会在内存里记录相应的故障码，并且点亮相应的故障灯，并且在电动汽车行车之前静止吸合高压接触器。

高压互锁的硬件主要通过插接器与线束的连接实现，如图3-3-6所示，在整车高压回路的各个插接器中，用低压线串联起所需要监控的插接器，并最后回到主控制单元，以此来实时检测各个部件的连接状态。高压互锁将由电池控制单元产生预定占空比的PWM波，通过整个高压回路后再回到电池控制单元，如果电池控制单元检测到PWM波的占空比不符合预期，电池控制单元将会向整车控制器发出切断高压接触器的指令，直至该故障排除，接触器才能重新吸合。

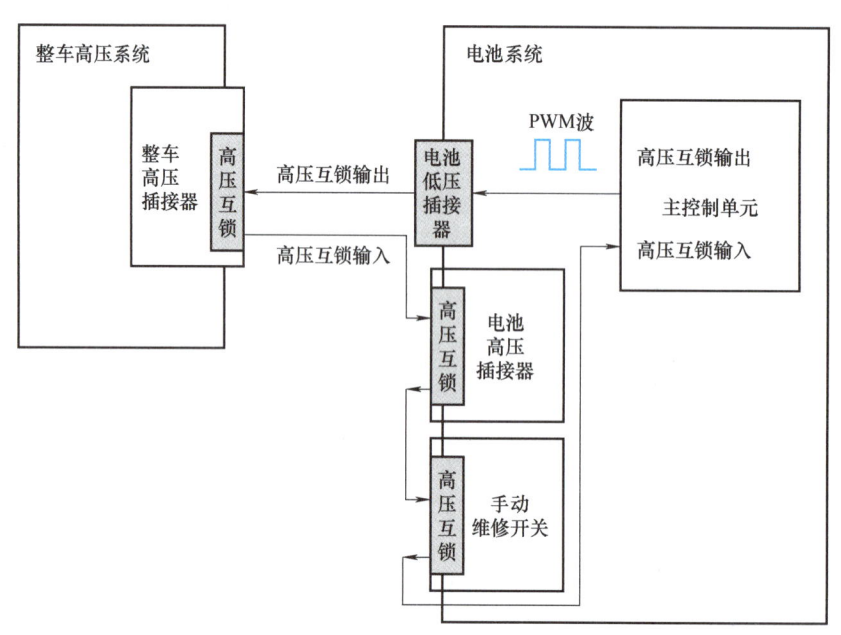

图3-3-6　高压互锁原理示意图

> 拓展阅读

3.3.4 电气绝缘失效的危害

电动汽车与传统汽车相比，电子电气系统的比例大大增加。并且，电动汽车动力系统是以往不曾在汽车上使用过的高压系统，动辄几百伏的电压平台。因此电气绝缘是电动汽车高压安全的重要项目。根据相关标准中对人体安全电流的要求（直流 10mA，交流 2mA），GB/T 18384—2020 电动汽车 安全要求中规定，绝缘电阻最低要求：直流 100Ω/V，交流 500Ω/V。

电气系统如果出现绝缘失效，视程度不同，会造成积累的后果。系统中只有一个点绝缘出现失效，暂时对系统不会产生明显影响；出现多点绝缘失效，则漏电流会在两点之间流转，在附近材料上积累热量，遇到适当情形，可能会引发火灾。同时，影响电器的正常工作；最严重的情形，可能发生人员触电。当然，汽车的电器一般都在底盘或乘车人员无法触及的地方，最可能遇到触电危险的，可能是生产和维修人员。

电气系统绝缘失效的常见原因，除了设计和制造问题以外，一般包括：热老化、光老化、低温环境下的材料脆裂、固定不当引起的摩擦损伤等。

理想的绝缘材料是不导电的，因为绝缘材料内不具备自由导电粒子。现实中的绝缘材料，导电和不导电具有相对性。两端加载的电压较低时，内部能够自由运动的带电粒子极少；随着电压的上升，导电粒子逐步增加，宏观上表现出来的就是泄漏电流变大。

考察正常工作状态的电气绝缘特性，此时的漏电流指有电源的电器在工作过程中，电器的带电部分与不带电部分之间通过绝缘材料流过的电流。

漏电流由两部分组成，一部分是通过绝缘材料中带电粒子被电场驱动而产生的漏电流，另一部分是电器结构中存在的耦合电容通过充放电过程的推移而表现出来的漏电流，两部分的和构成了工作状态的泄漏电流或者测试过程中的漏电流。

由于耦合电容性质的漏电流的存在，其大小与加载电场的频率成正比，频率越高，漏电流越大。如果使用直流电压进行测试，等效电容一旦充满，则电容特性引起的电流消失，因此直流耐压测试表现为初期短暂的电流上升，然后下降并趋于稳定。在锂离子电池系统中，电芯明显具有电容特性，因此交流耐压测试的漏电流就必然都大于直流测试的结果。

3.3.5 动力蓄电池绝缘阻值检测

吉利 EV450 动力蓄电池绝缘故障时，通过诊断仪可以读取相应的故障码，见表 3-3-1。

绝缘检测流程如下：

1. 确认高压回路切断

操作起动开关使电源模式至 OFF 状态，断开蓄电池负极电缆，断开直流母线，断开动力蓄电池高压线束插接器 BV16，等待

5min，用万用表检测 BV16 端子 1 与端子 2 之间的电压，标准电压：小于或等于 5V。注意，端子 1 与端子 2 距离较近，严禁万用表针头短接和触碰任何非目标测量金属部件，并佩戴绝缘手套。

表 3-3-1　电源故障码

故障码	说　明
P1541-00	高压继电器闭合的前提下，绝缘故障（严重）
P1543-00	高压继电器断开的前提下，绝缘故障（严重）

2. 检测动力蓄电池供电绝缘阻值

操作起动开关使电源模式至 OFF 状态，断开蓄电池负极电缆，断开直流母线，拆卸动力蓄电池高压线束插接器 BV16，将高压绝缘检测仪的档位调至 1000V，用高压绝缘检测仪测量动力蓄电池高压线束插接器 BV16 的 1 号端子与车身接地之间的电阻。标准电阻：大于或等于 20MΩ。用高压绝缘检测仪测量动力蓄电池高压线束插接器 BV16 的 2 号端子与车身接地之间的电阻，标准电阻：大于或等于 20MΩ。确认测量值是否符合标准。如果不符合标准则维修或更换线束。

3. 检测动力蓄电池充电电路绝缘阻值

操作起动开关使电源模式至 OFF 状态，断开蓄电池负极电缆，断开直流母线，拆卸动力蓄电池高压线束插接器 BV23，将高压绝缘检测仪的档位调至 1000V，用高压绝缘检测仪测量动力蓄电池高压线束插接器 BV23 的 1 号端子与车身接地之间的电阻。标准电阻：大于或等于 20MΩ。用高压绝缘检测仪测量动力蓄电池高压线束插接器 BV23 的 2 号端子与车身接地之间的电阻，标准电阻：大于或等于 20MΩ，确认测量值是否符合标准。如果不符合标准，则维修或更换线束。

学习小结

1. 当电池管理系统发出断开接触器信号后，主控制单元将会检测接触器触点的电压，压差超过某阈值表示接触器状态正常，压差低于某阈值表示接触器可能粘连。电池管理系统发出闭合接触器指令后，主控单元也会检测接触器两端的电压，电压小于某阈值时表示接触器正常闭合，压差大于某阈值时表示接触器不能正常吸合。

2. 动力蓄电池绝缘电阻指的是：若动力蓄电池与车身公共接地之间某处发生短路，最大的漏电流值相对的阻值。在现实情况下，由于车辆的振动、绝缘漆、冷却液体和电解液的潜在影响，动力蓄电池正负母线对于底盘接地都有各自的绝缘电阻，并且电动汽车动力蓄电池绝缘电阻的取值以正负母线绝缘电阻值较小的为准。

3. 高压互锁（High Voltage Interlock Loop，HVIL）用于判断整个车载高压系统的完整性。在电动汽车整车系统中，判断高压电气元件的连接状态是重要环节，如果高压系统回路断开或者高压回路不完整，将会发生高压裸露、电池包输入输出功率下降和插接器烧结等情况，对动力蓄电池以及整车系统的安全性造成影响。高压互锁回路的输出源既可以是电池管理系统，也可以是整车控制器。

学习单元 3.4　动力蓄电池温度管理系统故障诊断

情境导入

小王买了一辆新的比亚迪 E5 电动汽车，报电池温度高故障，更换动力蓄电池冷却水泵后故障现象消失，你知道如何进行冷却水泵的更换吗？

理论知识

3.4.1　动力蓄电池 SOC 估算

SOC 又称电池的荷电状态，通常指电池当前剩余电量与相同的放电条件下电池的额定容量的比值，因此电池 SOC 也称为电池的剩余电量，其定义式为

$$\text{SOC} = \frac{Q_{\text{remain}}}{Q_{\text{rated}}} \times 100\% = \frac{Q_{\text{rated}} - Q_{\text{discharged}}}{Q_{\text{rated}}} \times 100\% \tag{3-4-1}$$

式中　Q_{rated}——电池可放出的电量大小，即电池的额定容量；

Q_{remain}——电池中剩余的电池余量；

$Q_{\text{discharged}}$——电池充满后放出的电量。

电池 SOC 的估算是电池管理系统的一项重要功能，是目前电池管理系统研究的重点。它不仅可以告知驾驶人剩余里程，也是其他决策的输入变量，还是合理管理电池组的依据，因此对于电池 SOC 的估算，要采用合适的算法进行准确估算。动力蓄电池是一种化学产品，工作时既会受到内部工作环境的影响，又会受到外部使用环境的干扰，因此电池 SOC 的估算，既要考虑内部因素，又要考虑外部因素。目前常用的算法往往只考虑一个方面的因素，导致电池 SOC 估算的误差较大，因而需要几种算法结合使用，将内外因素都考虑进去，才能准确地估算电池 SOC。

3.4　动力蓄电池温度管理系统故障诊断

1. 安时积分法

安时积分法是最基础的电池 SOC 估算算法，其本质是对充放电电流进行时间的积分来估算充进或放出的电量，忽略了电池内部的化学反应。安时积分法估算电池 SOC 的公式见式（3-4-2）。

$$\text{SOC}(t) = \text{SOC}(t_0) - \frac{\int_{t_0}^{t} i \, d\tau}{Q_0} \times 100\% \tag{3-4-2}$$

式中　Q_0——电池额定容量；

$\text{SOC}(t_0)$——初始时刻的电量；

$\text{SOC}(t)$——t 时刻的剩余电量；

i——电流的瞬时值，充电时为负值，放电时为正值。

在实际计算过程中，会将电流 i 看成某一时间段内的恒流，然后对该段时间进行积分，但这只能应用在理想的环境下。实际应用中，由于受外部环境的影响，电流会出现较大的波动，导致估算误差较大，且误差会一直积累，越到后期误差越大，因此该算法不能单独使用，可以和其他算法结合使用。

2. 电动势法

电动势法认为电池电动势 U_{oc} 与 SOC 之间存在一个稳定的关系，通过测得电池电动势来确定电池 SOC。图 3-4-1 所示的拟合曲线是标准环境下磷酸铁锂电池的 U_{oc}-SOC 关系，通过测量磷酸铁锂电池的电动势，即可确定电池 SOC。

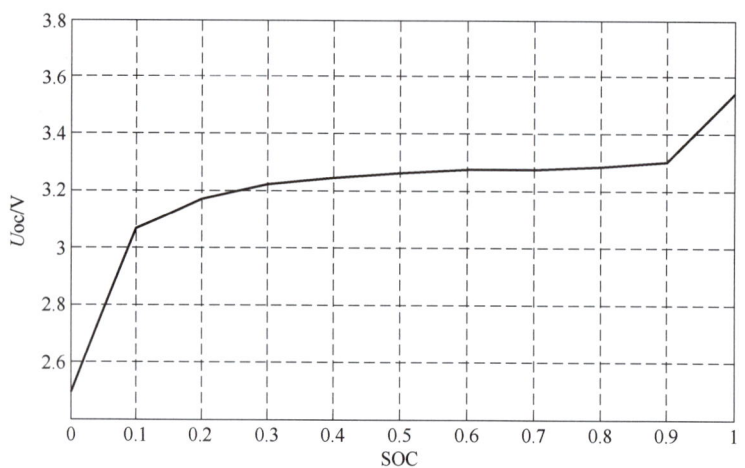

图 3-4-1　U_{oc}-SOC 拟合曲线

在实际使用过程中，电池的额定容量会出现衰减等情况，电池电动势受电池内外环境因素的影响，会出现较大的波动，电池电动势与电池的 SOC 关系不能单单通过 U_{oc}-SOC 曲线来表示。实际应用中，该算法常与其他算法结合使用，为电池 SOC 的估算提供初值。

3. 神经网络法

神经网络法是一种通过模拟人脑和神经元来处理非线性系统的方法，该算法具有很强的泛化能力，很适合模拟磷酸铁锂的非线性特性。神经网络法估算电池 SOC 时，需要将电池端电压和工作电流作为系统的输入，把 SOC 的估算值作为系统的输出，但是需要一个反馈作为输入量。图 3-4-2 所示为一种电池 SOC 估算的神经网络模型，模型分为输入层、隐含层、输出层，隐含层引出反馈作为系统输入。

神经网络法估算电池 SOC 可在一定程度上避免解析复杂的物理、化学过程与数学方程，且具有良好的自适应性。但是该算法需要大量的样本数据来训练系统，而且估算误差也是和样本数据和训练方法有关。

4. 卡尔曼滤波算法

卡尔曼滤波算法是一种对复杂动态系统的状态做最优估计的算法。实际应用时，需要建立状态方程描述动态系统，观测方程描述状态信息，然后根据前一时刻的估算值与当前时刻的观测值对需要求取的状态变量进行实时更新，消除系统随机存在的偏差与干扰，达到最优估算的目的。卡尔曼滤波器的关系式为

$$x_k = A_k x_{k-1} + B_k u_{k-1} + w_{k-1} \quad (3\text{-}4\text{-}3)$$
$$z_k = H_k x_k + v_k \quad (3\text{-}4\text{-}4)$$

式中　x_k——系统的状态变量；

z_k——系统的观测变量；

u_{k-1}——系统激励变量；

w_{k-1} 和 v_k——系统的过程激励噪声和观测噪声；

A_k、B_k 和 H_k——系统的参数矩阵。

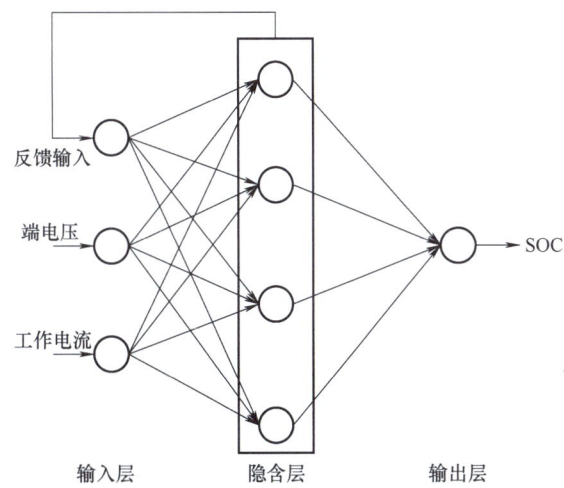

图 3-4-2 电池 SOC 估算的神经网络模型

从以上关系看出,卡尔曼滤波算法中的状态变量与系统激励以及观测变量与状态变量之间的关系是线性的,而动力蓄电池是高度非线性系统,因此卡尔曼滤波算法估算 SOC 时会有较大的误差。但是从卡尔曼滤波算法衍生出许多针对非线性系统的算法,可以用于电动汽车电池 SOC 的估算。

通过以上分析,卡尔曼滤波算法最适合电池 SOC 的估算,但其只针对线性系统,因此决定采用卡尔曼滤波的衍生算法——扩展卡尔曼滤波算法(Extended Kalman Filter,EKF),并对其进行改进,即采用改进的扩展滤波算法进行电池 SOC 的估算。改进的扩展卡尔曼滤波算法融合了安时积分法、电动势法和扩展卡尔曼滤波算法,以安时积分法修正环境温度、充放电倍率以及电池老化等因素给 SOC 估算带来的误差,并以修正安时积分法为基础建立 SOC 的状态方程,以电动势法提供 SOC 的初值,以扩展卡尔曼滤波算法为主进行递推计算来消除累积误差。采用该算法估算 SOC 之前,必须要以合适的电池模型为基础,并要辨识出模型参数,以反映电池工作时内部状态变化。

3.4.2 动力蓄电池的均衡

1. 电池组的连接方式及可靠性分析

目前,电动汽车供电方案中,还未实现使用单个或两个较大容量电池为电动汽车提供电能。常用的供电方案是用多个电池组并联或串联的方式。通过电池的串并联能够为电动汽车提供所需的电压及电流大小,并且还可以提高电池组的容量。因此在设计电动汽车电池组时需考虑其对电动汽车供电电压和电池组的容量这两个因素,当然,对于电动汽车所需电池额定容量的要求还需要综合考虑车辆大小等各方面因素。

目前,常见的电动汽车电池串并联组合主要有四种,分别为全部并联、全部串联、先串后并以及先并后串。图 3-4-3～图 3-4-6 所示为此四种组合方式模型。

考虑到连接方式的可靠性,在电池组模型的选用上,需要通过比较四种模型的可靠性高低来决定。先并后串的方案可靠性最高,并且其输出电压和容量都能满足电动汽车的需要。当然,并联时会产生环流,因此在应用到电动汽车上还需要考虑到环流的影响,其中限制环流的方法也已经普及。

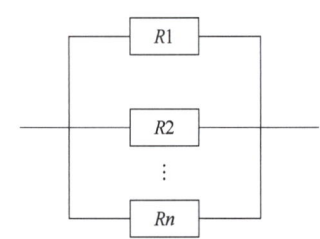

图 3-4-3　电池组并联模型

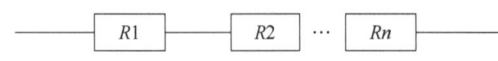

图 3-4-4　电池组串联模型

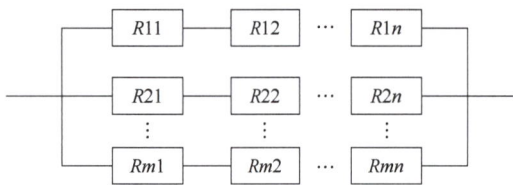

图 3-4-5　电池组先串联再并联模型

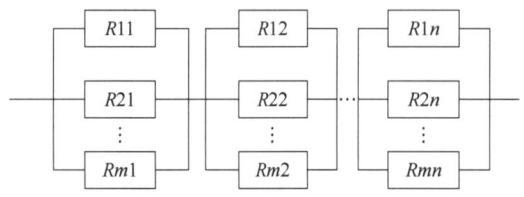

图 3-4-6　电池组先并联再串联模型

2. 电池组的不一致性

采用多个电池组成的电池组,因为每块单体电池都具有不一致性,即使采用的电池性能很好,随着电池数量的增加,也可能会使电池的故障率增加,进而降低电池组的可靠性,如果没有合理的方式解决这一问题,这种不一致性将会在电池组中被放大,继而影响整个电池组的可靠性及使用寿命。单体电池的内阻、老化速度、充放电速度以及容量的差异是造成电池组不一致性的主要原因。产生这些差异的原因如下:

(1) 生产工艺　电池是通过化学反应产生电能,其本质是一种化学产品,由于电池在生产过程中使用的原料批次不同,即便使用同一批次原料,车间湿度、温度等因素也会导致电池电极材料颗粒大小及电导率有所差别。此外,SEI 膜是于电池充放电过程中极化反应随机产生的,也会引起电池性能的差异。

(2) 工作环境　温度、湿度及通风条件等其他环境因素对电池工作性能具有较大影响。因为电池充放电过程中电池温度会升高,所以需要良好的通风散热条件。在电动汽车中由于位置的不同,肯定会造成电池通风散热条件的差异,影响电池工作的性能。况且,散热条件较差会导致电池电解质的蒸发,造成电池容量低于额定容量。

(3) 使用方法　不合理的使用方法会造成电池性能下降。在电池组工作过程中,由于电池性能差异,容量及当前电量不尽相同,若电池管理系统不合理,会导致某些电池的过充过放电现象。过充过放电会加速电池老化,降低电池的容量,并且造成的这些损害是不可逆转的。

若不加以合理控制电池间即便是微小的差异,也会影响整个电池组的性能,造成的危害主要有以下方面:

1) 电池可用容量降低,使用寿命缩短,电动汽车的行驶里程减少。

2) 电池之间的差异越来越大,一部分电池长期处于满负荷的工作状态,会使其健康状况越来越差,工作性能也会大大降低。

3) 影响输出功率,当输出功率较高时,需要较大的放电电流,而电池剩余电量较少的、内阻较大的单体电池就会提前终止放电，从而影响电池组的功率输出。

3. 电池组充电均衡的意义

单体电池之间的不一致性给电池组的应用带来巨大的麻烦，也给电动汽车的发展带来一定程度的限制。因此，电池管理系统要具有均衡管理功能，即使单体电池之间存在差异，也要将电池之间的不一致性降到最低。如果没有充电均衡管理，电池组的充电就像木桶效应一样，要么一个充满就要停止充电，要么就要过充电，都是电池组应用的巨大障碍，而充电均衡管理就是要解决这些障碍。以下面的例子来说明充电均衡的重要意义。

假设由 4 个单体电池（$E1$、$E2$、$E3$、$E4$）组成电池组，其额定容量 $A1 = A2 = A3 = A4$，由于电池的自放电系数等因素的不一致导致其初始容量之间存在差异，$E2$ 的初始容量最多，其次分别是 $E3$、$E1$、$E4$。在此初始容量的基础上，对电池进行充电。由于电池组采用的是串联连接方式，对 4 个单体而言，其充电电流大小是一致的。经过一段时间的充电之后，$E2$ 先充满。如果没有均衡管理，安全管理机制会在 $E2$ 充满时停止充电，以防电池发生过充电而引发安全事故，充电示意图如图 3-4-7 所示。

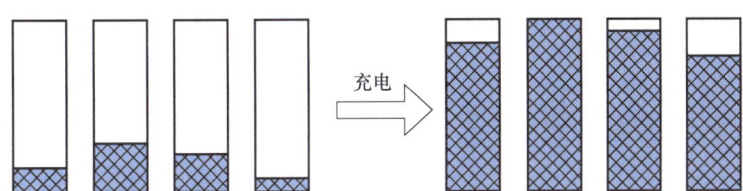

图 3-4-7 未加均衡的充电示意图

加入均衡充电管理后，电量充满的电池可以将能量转移给其他电池，也可以将多余的电量通过电阻等元件消耗掉，使得所有的电池都能充满电量，均衡充电示意图如图 3-4-8 所示。

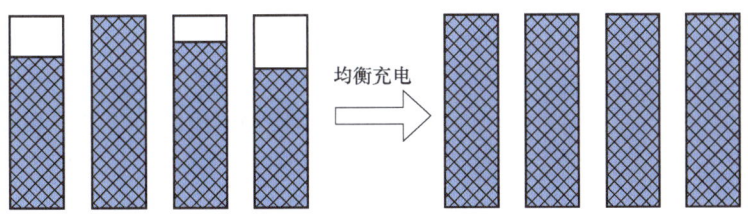

图 3-4-8 均衡充电示意图

4. 常用充电均衡策略

电池组均衡充电管理是通过消除每块电池之间的不一致性，进而削弱其对充电的影响，令每块电池都可以达到满状态，并且不会出现过充而缩短电池的使用寿命。

一般的充电均衡方法可以划分成两种，一种是能耗型，能耗型是利用电阻或负载等元件消耗多出的能量。另一种是能量转移型，能量转移型是利用过渡环节把能量多的电池能量转移到能量少的电池或电池组，其过渡环节采用的原件有电感、电容和变压器线圈等。

（1）旁路电阻充电均衡 旁路电阻充电均衡法为能耗型均衡方法的一种，图3-4-9所示为基本原理图。每块电池采用电阻的并联分流法来对电量进行消耗，达到均衡的目的。充电均衡的基本原理是首先对每块电池的电压进行采集，然后通过对比电池充电电压的上限阈值，对于高于电压上限的电池，则接通电阻对其消耗多出的电量，直到所有电池都达到满状态，则表示充电均衡结束。这种均衡方法比较容易控制，也是采用最多的一种均衡策略，唯一不足就是不够节能。

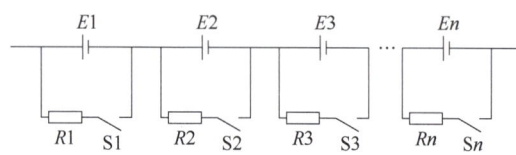

图3-4-9 旁路电阻充电均衡原理

（2）开关电容充电均衡 基于开关电容的转移型充电均衡方法，如图3-4-10所示。

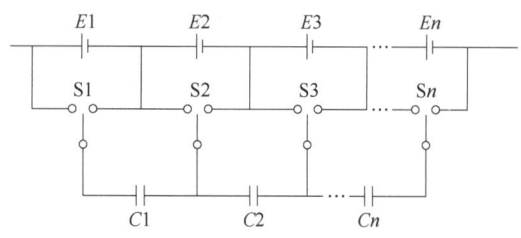

图3-4-10 开关电容充电均衡原理

串联的电池组每块电池各连接上一单刀双掷开关，并且每个开关之间再外接一电容，作为中间储存能量的元件。工作原理同样是先对每块电池的电压进行采集和对比，也是有电压上限阈值的，当超过这个上限电压时，便开始进行充电均衡，通过储能元件把多出的电量转移到电容上，然后再通过电容给相邻的电池充电，如果相邻的电池电压也达到上限，则继续向下一个电池充电，直到所有电池达到满状态停置充电，这种均衡方法只能在相邻的电池之间进行能量转移，因此，如果给不相邻的电池进行能量转移，则需要经过多次的转移，这样大大增加了能量损耗，同时也使充电的速度变慢。总的来说，这种均衡方法更适合单体电池更少的电池组。为了弥补上面这种均衡方法的不足，改良了开关电容的均衡方式，即飞渡电容均衡方式，如图3-4-11所示。

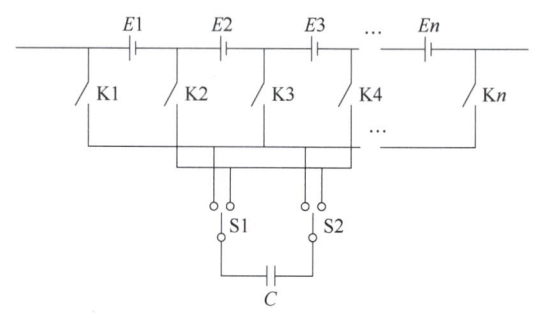

图3-4-11 飞渡电容充电均衡原理

这种方式只通过一个储能元件就可以达到能量转移的目的，并且能量损失会大大减少，充电速度也明显提升。基本原理是通过开关阵列，把能量最多的电池通过电容转移给能量最少的电池，不必考虑电池之间是否相邻。尽管如此，由于开关阵列比较复杂，能量转移的速度还是会受到限制。

（3）变压器充电均衡 变压器充电均衡同样属于能量转移型均衡策略。如图3-4-12所示，原理图与改进的飞渡电容法相似，把储存能量的电容换成了变压器线圈，也是通过采集每块电池两端电压，并判断电压值是否高于电压上限，若高于电压上限，则闭合变压器一次侧两端开关S，并通过控制开关K把多处的能量转移变压器电感线圈上，最后再转移到能量最低的电池上。相互对比了一下，变压器充电均衡法比以上的均衡方法，传递能量的时间大大减少，不足之处就是变压器上面的线圈可能会产生漏感的现象，这种情况下，如果再利用电动汽车很可能会影响其他控制设备，很容易发生事故，并且这种均衡方法同样用到复杂开关阵列，增加了电池管理系统设计的负担。

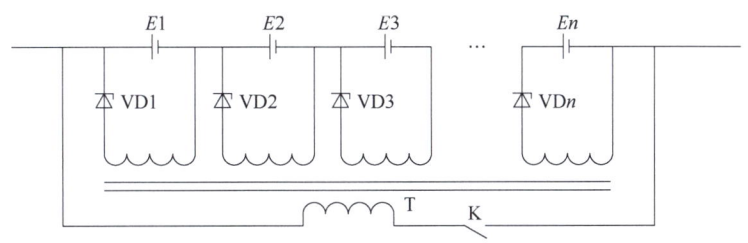

图 3-4-12 共享变压器充电均衡原理

基于以上这些情况，现在想将均衡电路加以改进，以达到简化电路结构的目的，这里就展示了经过改良之后变压器的均衡方法，即共享变压器法，如图 3-4-12 所示。这里把每块电池都并联上变压器的二次电感线圈，而且为便于控制，在线圈旁边串联了一个整流二极管，其中每个二次电感线圈都共享同一个变压器磁芯，并且也共享同一个一次侧电感线圈，而一次侧电感线圈和整个电池组构成一个回路。电池充电均衡时，在一次侧线圈发生电磁感应时，每个次级线圈都会出现感应电流，在电池电量很少的情况下，其内阻随之变得很小，进而会产生更大的感应电流，然后电压增加到额定值的时间就越少；在电池电量很多的情况下恰恰与之相反，产生的感应电流很小，电压增加到额定值的时间越长，如此一来就可以实现同步均衡充电，也达到了改进的目的。这种方法解决了开关阵列过于复杂的问题，但也增大了均衡电路的体积，用在电动汽车电池管理系统上还是不太方便，还有就是仍存在漏感的现象。

（4）开关电源充电均衡 开关电源充电均衡方法是基于电力电子基本电路拓扑所设计的，电源可以通过 Buck-Boost 电路对电池电压进行 DC-DC 转换。本章研究的是充电均衡策略，所以为了设计出适合充电均衡的电路，还应在 Buck-Boost 电路的基础上进行设计，图 3-4-13 所示为设计的 Buck-Boost 充电均衡原理图。

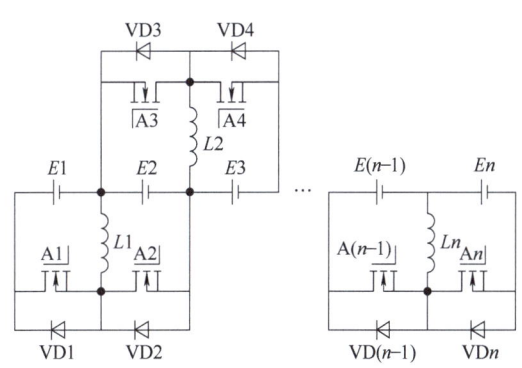

图 3-4-13 Buck-Boost 充电均衡原理图

这个均衡电路是把相邻的两块电池组成一个整体的电路模块，对于这些模块都需配置单元的均衡模块，每个均衡模块都由一些元器件构成，主要有电感元件和开关管元件，其中开关管分为两种，一种是 N-MOSFET 开关，另一种是续流二极管。

图 3-4-13 所示的电路也是一种能量转移型均衡电路，首先采集相邻电池两端电压来获取其基本参数，通过比较相邻电池的电压是否有超过电压上限的电池，如果有，则

选取相邻电池中电压高于上限阈值的电池，然后通过储能电感将多出的电能转移到相邻的电池上，同样对其余相邻电池采用相同电能传递方案，能实现电能从高电压电池到低电压电池间输送，从而实现电池组的均衡充电。所以这种均衡电路最符合两个相邻电池之间的均衡。

电路中用来储存能量的部件是电感，具有很高能量传递效率，但也使均衡电路的控制方法变得复杂，需要根据 PWM 来控制开关管的导通与否，顾及到的电感元件会发生饱和的情况，因此对某个均衡模块要求其 PWM 占空比需低于 50%。

除了上面这种方法，还有与其相似的另一种充电均衡方法，即 Cuk 型充电均衡，如图 3-4-14 所示。此电路由两个功率 MOS-FET 开关管、两个不耦合的电感以及电容构成。其基本原理同样是利用电压值的大小来判定相邻电池的能量转移方向，其中功率开关管的作用是控制能量转移方向，假设电压值较大的电池为 B1，则 B1 侧的功率开关管 Q1 会先导通，然后转移能量到储能电感 L1 上，能量转移过后关断开关管 Q1，电感 L1 上的能量开始向储能电容 C1 上转移，这时功率开关管 Q2 导通。

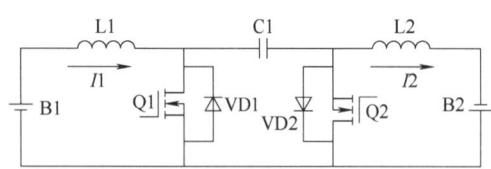

图 3-4-14 Cuk 型充电均衡原理

电容 C1 上的能量向储能电感 L2 转移，能量转移结束后，关断开关管 Q2，最后电感 L2 上储存的能量向电池 B2 转移，即完成一次均衡。这种方法相比前一种方法大大提高了电池均衡效率。

（5）DC/DC 电源充电均衡　通过分析以上几种均衡方法的基本原理和优缺点，这里提出基于 DC/DC 开关电源的一种改进的新充电均衡方法，如图 3-4-15 所示。该均衡电路主要含有两种元器件，分别是功率开关管和储能电感，其中功率开关管的数量随着电池数量的增加而增加，假定有 N 个电池，那么组成 DC/DC 充电均衡电路则含有 $2(N+1)$ 个功率开关管。其均衡原理也是利用电池两端电压值的不同来决定是否启动均衡电路，主要的控制元件就是功率开关管，通过它的导通和关断来控制能量转移的方向，即均衡方向。此策略同样需要开关阵列实现均衡充电，但是避免了采用变压器策略中的 EMI，并且兼具基于开关电源策略效率高的特点，与其他策略相比，控制器的设计也较为简单。

DC/DC 电源充电均衡原理电路如图 3-4-15 所示，图中电池组是由六节电池单元构成的。当电池单元 $E6$ 的电压最低时，此时均衡电路将开启向单体电池 $E6$ 充电。均衡电路启动时，开关 A1 和 $C7$ 导通，电池组向电感 L 充电，电感储存电能，在一定时间之后，开关 A1 和 $C7$ 关闭，开关 A7 和 $C6$ 导通，电感 L 释放电能，为电池 $E6$ 充电，$E6$ 电压及电量将会上升。充电均衡是否完成，则由电压最高的电池与电压最低的电池之间的压差决定，在压差小于阈值时，均衡充电过程结束，否则继续上述过程。下文将通过实验来验证该策略的可行性。

3.4.3 动力蓄电池的热管理

1. 动力蓄电池热管理的必要性

动力蓄电池的性能对温度变化较敏感，特别是车辆上运用的大容量、高功率锂离子电池。车辆上的装载空间有限，车辆所需电池数目较大,电池均为紧密排列连接。当车辆在高速、低速、加速、减速等交替转换的不同行驶状况下运行时,电池会以不同倍率放电,以不同生热速率产生大量热量,加上时间累积以及空间影响会产生不均匀热量聚集,从而导致电池组运行环境温度复杂多变。由于发热电池体的密集摆放,中间区域热量必然聚集较多,边缘区域热量聚集较少,增加了动力蓄电池中各单位之间的温度不均衡,加剧了各电池模块、单体内阻和容量不一致性。如果长时间积累,会造成部分电池过充电和过放电,进而影响电池的使用寿命与性能,并造成安全隐患。如果电动汽车电池组在高温下得不到及时通风散热,将会导致电池组系统温度过高或温度分布不均匀,最终将降低电池充放电循环效率,影响电池的功率和能量发挥,严重时还将导致热失控,影响电池的安全性与可靠性。因此为了使动力蓄电池发挥出最佳性能和使用寿命,需要优化动力蓄电池的结构,对它进行热管理,增加散热设施,控制电池运行的温度环境。

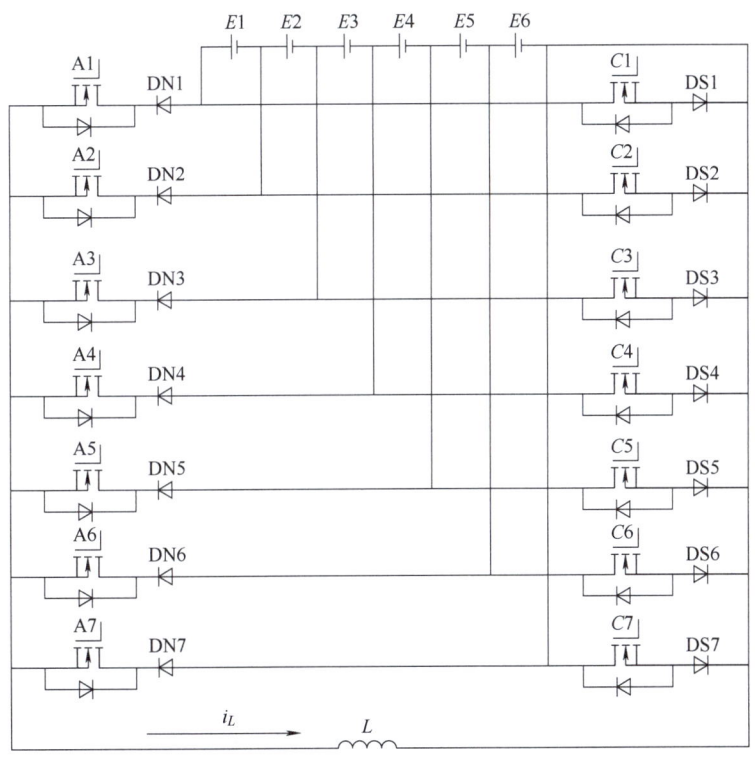

图 3-4-15　DC/DC 电源充电均衡原理电路

2. 散热方式

动力蓄电池的散热方式分为被动方式和主动方式两种。被动系统所要求的成本比较低,采取的措施也较简单。主动系统结构相对复杂一些,且需要更大的附加功率,但它的热管理更加有效。

3. 被动散热

考虑成本、质量和空间的布置,早期在温和气候条件下使用的车辆都是没有使用冷却单元,并且只依靠空气来散热的,如图 3-4-16 所示。

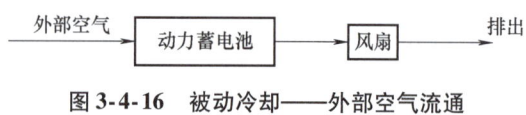

图 3-4-16 被动冷却——外部空气流通

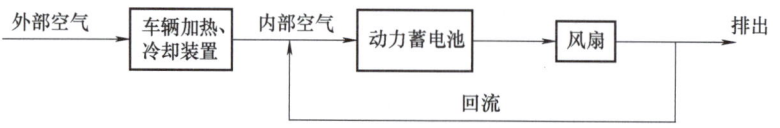

图 3-4-17 被动加热和冷却——内部空气冷却

4. 主动冷却

主动冷却指由专用设备通过气体或者液体进行强制流动来对动力蓄电池进行冷却。目前，最有效、最常用的还是采用空气作为散热介质。目前多采用的空冷主要有并行和串行两种通风方式，如图 3-4-18 所示。这就要求在动力蓄电池结构上设计相应导风口，尽量减小空气流动阻力，保证气流的均匀性。

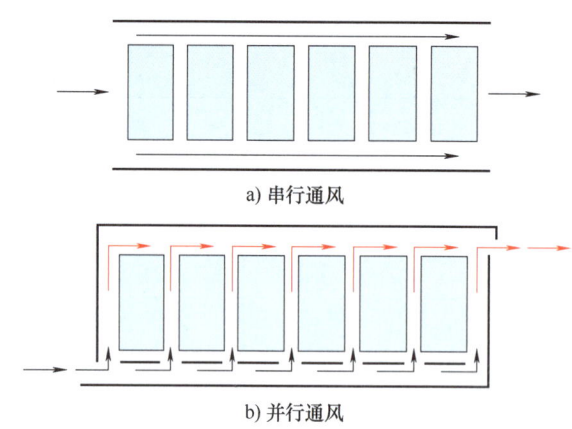

图 3-4-18 动力蓄电池的通风

串行情况下，一般是使空气从动力蓄电池一侧流往另外一侧，从而达到带走热量的效果，如图 3-4-18a 所示，因此气流会将先流过地方的热量带到后流过的地方，从而导致两处温度不一致且温差较大。而并行情况下，模块间空气都是直立上升气流，如图 3-4-18b 所示，这样能够有效地分配气流，从而保证动力蓄电池中各处散热一致。

> 📈 **拓展阅读**

3.4.4 客车动力蓄电池冷却技术

1. 电池热管理的类型

电池热管设备的选型需要结合车辆使用场景及电池布置位置进行，以满足车辆对电池热管理的要求，确保电池处于"舒适"的工作环境中，从而延长电池使用寿命。下面介绍几种客车常见的电池热管理设备的选型。

(1) 简易机组　制冷时将空调冷气引入机组内与循环冷却液进行热交换；加热时是电液体式加热器加热循环冷却液。冷却液冷却或加热后进入电池箱，对电池进行热管理，确保电池在控制的温度范围内。与独立机组和非独立机组相比，简易机组成本最低、系统最简单，同时因简易机组无蒸汽压缩式制冷循环，相对来说也最安全。但其冷气来自车辆制冷设备，因此必须安装制冷设备，同时制冷设备刚开始工作时，冷气温度较高，简易机组的制冷能力较差，制冷功率较小，一般小于 2kW。适合安装于充放电倍率较低的慢充型电池的混合动力客车上。

(2) 独立机组　独立机组自带的压缩机、冷凝器和板式换热器组成制冷循环，其产生的低温、低压制冷剂在板式换热器内与进入机组内的循环冷却液进行热交换；加热时通过电液体式加热器加热循环冷却液。冷却液冷却或加热后进入电池箱，对电池进行热管理。与非独立机组相比，多了一套单独制冷用的压缩机和冷凝器，成本较高。但由于其系统为一个单独系统，控制逻辑相对于非独立机组较简单，同时制冷剂接头数量少，相对也较为安全。独立机组制冷能力可根据需要选择，一般在 2kW 以上。适合安装于充放电倍率较高的快充型电池的混合动力和纯电动客车上。

(3) 非独立机组　通过将另外的制冷设备产生的低温、低压的制冷剂在板式换热器内与进入机组内的循环冷却液进行热交换；加热时通过电液体式加热器加热循环冷却液，冷却液冷却或加热后进入电池，对电池进行热管理。因此，必须安装制冷设备，且由于变频压缩机的频率有最低值，造成非独立机组产生的功率大，一般在 6kW 以上。

与独立机组相比，电池热管理和整车制冷的需求相冲突，因此，其控制逻辑最为复杂。适合安装于充放电倍率较高的快充型电池的纯电动客车上。

2. 电池热管理设备的布置

电池热管理设备的布置与电池布置密切相关，在实际布置时要遵循如下原则：

1）根据电池顶置、底置和后置状态就近布置电池热管理设备，并尽量避免在所布置状态下存在的缺点。

2）对于独立式电池热管理设备，安装时要增加减振胶垫，并且要确保冷凝器的进风和出风通畅，不允许回流现象发生；对于简易热管理设备，冷空气要从整车制冷设备的风道引进，从冷风道引风的位置应尽可能靠近整车制冷设备的蒸发器出口处。

3）为了更好地冷却电池，可以设置相应的水泵用于电池冷却液循环，该水泵入水口要尽量靠近膨胀水箱。膨胀水箱要位于电池冷却系统的最高位置，且需要增加排气管装置，用于排除冷却液在加热或者降温过程中释放出来的空气，避免加冷却液困难。

4）对于多组电池冷却，为了减小不同电池内部分温差，流经电池箱的水路要尽量采用并联方式，且单一支路最大不能超过三块电池箱。

5）如选装 PTC 电液体式加热器，需要将其布置在水泵之后水路循环较低位置，禁止置于水路循环的最高点。

6）水管路要尽可能短，且尽量大的转弯半径；管路增加保温措施，减少冷却液在管路运输中的热损失；管路接头应采用不锈钢或尼龙材料，不使用铜材，避免铜锈腐蚀电池箱内的冷却板，确保电池不发生泄漏。

7）要考虑热管理设备检修方便性。

电池热管理通用原理图如图 3-4-19 所示。

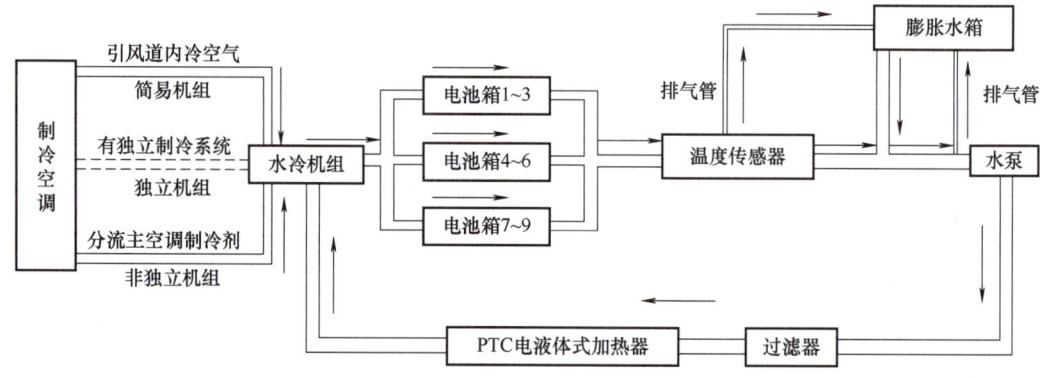

图 3-4-19 电池热管理通用原理图

 实践技能

3.4.5 电池冷却液异常的诊断

吉利 EV450 冷却液异常故障时,通过诊断仪可以读取相应的故障码,见表 3-4-1。

表 3-4-1 电源故障码

故障码	说 明
P1567-22	加热时进水口温度过高
P1567-21	加热时进水口温度过低

检测流程如下:

1. 使用故障诊断仪读取故障码

操作起动开关使电源模式至 ON 状态。连接故障诊断仪,读取系统故障码。确认系统是否存在其他故障码。有其他故障码优先排除其他故障。

2. 检查车载充电机内部熔丝

操作起动开关使电源模式至 OFF 状态。断开蓄电池负极电缆。拆卸车载充电机盒上盖,用万用表测量车载充电机盒熔断器 HF04、HF05 两端的电阻。标准电阻:小于 1Ω。确认测量值是否符合标准。如果不符合,则检修熔丝电路,更换额定容量熔断器。正常则进行下步操作。

3. 检查 PTC、压缩机与车载充电机之间的线路

操作起动开关使电源模式至 OFF 状态,断开 PTC 线束插接器 BV32,断开压缩机线束插接器 BV30。用万用表测量 PTC 线束插接器 BV32 的端子 1 与压缩机线束插接器 BV30 的端子 2 两端的电阻。用万用表测量 PTC 线束插接器 BV32 的端子 2 与压缩机线束插接器 BV30 的端子 1 两端的电阻。标准电阻:小于 1Ω,确认测量值是否符合标准。如果不符合,则进行修理或更换线束。正常则进行下步操作。

4. 更换 PTC

操作起动开关使电源模式至 OFF 状态,断开蓄电池负极电缆,更换 PTC。系统是否正常。如果正常,则诊断结束,如果不正常则进行下步操作。

5. 更换压缩机

操作起动开关使电源模式至 OFF 状态,断开蓄电池负极电缆,更换压缩机。系统是否正常。如果正常,则诊断结束,如果不正常则进行下步操作。

6. 更换车载充电机

操作起动开关使电源模式至 OFF 状态，断开蓄电池负极电缆，更换车载充电机。系统是否正常。

诊断结束。

3.4.6　电动水泵的更换

电动水泵的更换流程如下：

1）打开前机舱盖。
2）断开蓄电池负极电缆。
3）拆装机舱底部护板总成。
4）排放电池冷却系统冷却液。
5）拆卸电动水泵（电池）。
① 断开电动水泵线束插接器。
② 拆卸电动水泵与水泵出水管的连接卡箍，脱开水泵出水管。
③ 拆卸电动水泵与水泵进水管的连接卡箍，脱开水泵进水管。
④ 拆卸电动水泵支架上的固定螺母，取下电动水泵总成。
6）安装电动水泵（电池）。
① 安装电动水泵到相应位置。
② 放置电动水泵，安装电动水泵支架上的固定螺母，力矩为 9N·m。
③ 连接电动水泵与水泵进水管，用卡箍紧固。
④ 连接电动水泵与水泵出水管，用卡箍紧固。
⑤ 连接电动水泵线束插接器。插接时要注意"一插、二响、三确认"。
7）安装机舱底部护板总成。
8）加注冷却液。
9）连接蓄电池负极电缆。
10）关闭前机舱盖。

> **学习小结**
>
> 1. 电池 SOC 又称电池的荷电状态，通常指电池当前剩余电量与相同的放电条件下电池的额定容量的比值，因此电池 SOC 也称为电池的剩余电量。
>
> 2. 加入均衡充电管理后，电量充满的电池可以将能量转移给其他电池，也可以将多余的电量通过电阻等元件消耗掉，使得所有的电池都能充满电量。
>
> 3. 动力蓄电池的散热方式分为被动方式和主动方式两种。被动系统所要求的成本比较低，采取的措施也较简单。主动系统结构相对复杂一些，且需要更大的附加功率，但它的热管理更加有效。

参考文献

[1] 孔超. 纯电动汽车电池及管理系统拆装与检测 [M]. 北京：机械工业出版社，2018.
[2] 赵春洋. 10kW 电动汽车车载充电机及其软件策略研究 [D]. 哈尔滨：哈尔滨理工大学，2019.
[3] 詹天霞. 高性能数字控制电动汽车车载充电机的研究与设计 [D]. 杭州：浙江大学，2019.
[4] 权保同. 具有 PFC 的电动汽车车载充电机的研究 [D]. 淮南：安徽理工大学，2019.
[5] 程刚. 大功率直流快充充电桩关键技术的研究 [D]. 西安：西安工程大学，2018.
[6] 曹蕊. 电动汽车充电桩控制系统的设计与实现 [D]. 西安：西安理工大学，2018.
[7] 李瑞新. 电动汽车交流充电桩及管理系统的设计 [D]. 呼和浩特：内蒙古大学，2019.
[8] 王洁. 电动汽车交流充电桩及其计费管理系统设计 [D]. 曲阜：曲阜师范大学，2018.
[9] 张巍. 纯电动汽车电池管理系统的研究 [D]. 北京：北京交通大学，2018.
[10] 潘晨. 纯电动汽车分布式电池管理系统的研究 [D]. 镇江：江苏大学，2018.
[11] 王建南. 电动汽车电池管理系统研究 [D]. 淮南：安徽理工大学，2018.
[12] 李心成. 电动汽车动力蓄电池的 SOC 估计与均衡技术研究 [D]. 洛阳：河南科技大学，2019.
[13] 杨亭亭. 电动汽车动力蓄电池管理系统的设计 [D]. 大连：大连交通大学，2018.
[14] 姜国权. 电动汽车动力蓄电池管理系统的研究 [D]. 上海：上海交通大学，2009.
[15] 洪润琦. 电动汽车动力蓄电池管理系统设计与实现 [D]. 哈尔滨：哈尔滨工业大学，2018.
[16] 于超. 电动汽车绝缘电阻监测方法研究 [D]. 济南：齐鲁工业大学，2019.
[17] 褚彪. 电动汽车锂电池荷电状态估算及均衡控制策略研究 [D]. 赣州：江西理工大学，2019.
[18] 李林阳. 电动汽车锂离子电池管理系统研究 [D]. 西安：西安科技大学，2018.
[19] 周嘉. 锂离子电池管理系统的研究 [D]. 淮南：安徽理工大学，2019.
[20] 全国汽车标准化技术委员会. GB/T 24347—2009 电动汽车 DC/DC 转换器 [S]. 北京：中国标准出版社，2009.
[21] 全国汽车标准化技术委员会. QC/T 897—2011 电动汽车用电池管理系统技术条件 [S]. 北京：中国计划出版社，2012.
[22] 全国汽车标准化技术委员会. QC/T 895—2011 电动汽车用传导式车载充电机 [S]. 北京：中国计划出版社，2012.
[23] 全国汽车标准化技术委员会. GB/T 20234 电动汽车传导充电用连接装置 [S]. 北京：中国标准出版社，2015.

纯电动汽车电池及管理系统检修

任务工单

机械工业出版社

目 录

任务工单 1.1 ··· 1
　　交流充电装置的使用·· 1

任务工单 1.2 ··· 4
　　交流充电桩的安装与调试··· 4

任务工单 1.3 ··· 7
　　车载充电机的检测与更换··· 7

任务工单 1.4 ·· 11
　　直流充电装置的使用·· 11

任务工单 2.1 ·· 14
　　动力蓄电池的认知··· 14

任务工单 2.2 ·· 16
　　动力蓄电池的更换··· 16

任务工单 2.3 ·· 20
　　动力蓄电池内部认知·· 20

任务工单 3.1 ·· 23
　　电池管理系统认知··· 23

任务工单 3.2 ·· 26
　　电池管理系统故障诊断··· 26

任务工单 3.3 ·· 29
　　动力蓄电池绝缘阻值检测··· 29

任务工单 3.4 ·· 32
　　动力蓄电池温度管理系统故障诊断··· 32

任务工单 1.1

任务名称	交流充电装置的使用	学时	4	班级	
学生姓名		学生学号		任务成绩	
实训设备、工具及仪器	吉利 EV450 纯电动汽车 4 辆、交流充电桩 4 台	实训场地	理实一体化教室	日期	
任务描述	客户买了一辆新的吉利 EV450 纯电动汽车，需要给客户示范安全、规范地充电。				
任务目的	能够与人沟通并建立良好关系，能够正确、规范地对纯电动汽车进行充电操作。				

一、资讯

1. 充电是指将_____调整为校准的电压/电流，为电动汽车动力蓄电池提供_____，也可额外地为_____供电。

2. 将电动汽车连接到交流电网（电源）时，在电源侧使用了符合标准要求的插头、插座，在电源侧使用了相线、中性线和接地保护的导体。这种模式称为_____。

3. 将电动汽车直接连接到交流电网（电源）时，使用了专用供电设备，并且在专用供电设备上安装了控制导引装置。这种模式称为_____。

4. 车上充电系统一般包括_____、车载充电机、_____、_____、动力蓄电池、电池管理系统等。

5. 慢充充电也称为_____或_____，指用充电连接线将电动汽车和交流充电装置连接进行充电的方式。

6. 充电电流有____A 和____A 两种，用户在使用该类充电方式时一定要注意所用插座允许使用的最大电流，以免发生危险。

7. 标出下图中各端子的名称和作用。

8. 对于锂离子蓄电池，充电过程一般分为＿＿＿＿＿＿＿＿、＿＿＿＿＿＿＿＿和恒压充电阶段三个阶段。

9. 预充电阶段是电池电压＿＿＿＿＿＿＿时，电池不能承受大电流的充电，这时有必要以＿＿＿＿＿＿＿对电池进行浮充，主要是完成对过放电的锂电池进行＿＿＿＿＿＿＿。

10. 标出快充口各端子的名称和作用。

二、计划与决策

请根据任务要求，确定所需要的仪器、工具，并对小组成员进行合理分工，制订详细的工作计划。

1. 需要的检测仪器、工具

2. 小组成员分工

3. 计划

任务工单 1.1

三、实施

车辆慢充操作的流程如下：

1) 打开车门。
2) 打开_____控制开关，关闭车门。
3) 打开_____。
4) 取出_____。
5) 将充电适配器_____插到电源插座上。
6) 将交流充电适配器_____插入交流充电口。
7) 等待车辆充电。
8) 观察_____，车辆充电完成后拔下_____。
9) 拔下_____。
10) 收起_____并放入行李舱相应位置。
11) 关闭_____。
12) 充电完成。

四、检查

1. 检查设备是否收好_____。
2. 检查车辆是否充满_____。

五、评估

1. 请根据自己任务完成的情况，对自己的工作进行自我评估，并提出改进意见。

1) _____
_____

2) _____
_____

3) _____

2. 工单成绩（总分为自我评价、组长评价和教师评价得分值的平均值）

自 我 评 价	组 长 评 价	教 师 评 价	总　　分

任务工单 1.2

任务名称	交流充电桩的安装与调试	学时	4	班级	
学生姓名		学生学号		任务成绩	
实训设备、工具及仪器	交流充电桩实训台4套、绝缘检测仪4套、绝缘工具4套、万用表4个	实训场地	理实一体化教室	日期	
任务描述	小王在新能源汽车充电桩公司工作,今天需要组装一台交流充电桩。				
任务目的	请根据任务要求制订工作计划,安全、规范地进行交流充电桩的安装与调试。				

一、资讯

1. 充电模式3是指:将电动汽车直接连接到_____时,使用了专用供电设备,并且在_____上安装了控制导引装置。这种形式即为采用_____的充电方式。

2. 交流充电桩是一种可以和_____相连接,通过_____对电动汽车电池进行电能补给的一种安装在_____的装置。交流充电桩本身并不具备_____,其只是单纯提供电力输出,还需要连接电动汽车_____,方可起到为电动汽车电池充电的作用。

3. 单相充电桩的最大额定功率在_____kW左右,主要适用于为小型乘用车(纯电动汽车或插电式混合动力电动汽车)充电。根据车辆配置电池容量,充满电的时间一般需要_____h。

4. 交流充电桩可以实现_____、_____(按充电金额、时间、电量、预约定时进行充电以及自动充电等)、_____、_____保护等功能。

5. 对充电桩的基本要求:充电桩必须能够_____,并具有操作简单、_____、准确、无人值守及_____等功能。

6. 目前交流充电桩的电能计量设计主要有两种形式,一种是围绕_____开发的交流充电桩,另一种是围绕_____开发的交流充电桩。

7. 市面上流行的电能表主要分为_____式和_____式两大类,_____式电能表利用了电磁感应,将用电过程中的电参数转化为磁力矩,进而带动计度器的转动。

8. 智能卡是一种将_____嵌入塑料卡中制作而成的,是可以实现相应结算功能的卡,其内包含一个_____,使用时通常需要和读写器进行数据交换。智能卡又称为_____卡。

9. 在充电连接过程中,首先接通_____触头,最后接通_____与充电连接确认触头。在脱开的过程中,首先断开_____与_____触头,最后断开_____触头。

二、计划与决策

请根据任务要求,确定所需要的仪器、工具,并对小组成员进行合理分工,制订详细的安装与调试流程和计划。

1. 需要的仪器、工具

2. 小组成员分工

3. 安装与调试计划

三、实施

充电桩的安装流程如下:
1)准备工作,检查相关线束和充电桩柜体。
2)穿戴必要的安全防护装备。
3)安装_____。
4)安装_____。
5)安装_____。
6)安装急停开关。
7)安装_____。
8)安装限位卡。
9)安装_____。
10)安装_____。
11)安装辅助继电器。
12)安装接线排。
13)安装_____。
14)安装_____。
15)安装_____。
16)安装交流接触器。
17)连接各类线束。
18)检查 L 与 N 线通断。
19)测量接地电阻值,要求小于1Ω。
20)12V 电源线短路检查。

调试具体流程如下:
1)检测供电环境是否正常。
2)未合闸时电源电压检查。
3)灯板通电检查(自检系统)。
4)_____电压检查。

5）_____检查。
6）紧急停机检查。
7）_____通电检查。
8）参数设置：时间设置和负载设置。
9）自动充电测试（重启刷卡_____次）。
10）按时间充电测试（_____ min）。
11）按金额充电测试（0.02元）。
12）按电量充电测试（0.01度）。
13）重启充电桩查询。
14）复位工位。

通过上述过程，请总结充电桩安装与调试过程中需要注意的事项：
1）_____
2）_____
3）_____

四、检查

通过检查，判断交流充电桩工作是否正常_____。

五、评估

1. 请根据自己任务完成的情况，对自己的工作进行自我评估，并提出改进意见。
1）_____
2）_____
3）_____

2. 工单成绩（总分为自我评价、组长评价和教师评价得分值的平均值）

自我评价	组长评价	教师评价	总　　分

任务工单 1.3

任务名称	车载充电机的检测与更换	学时	4	班级	
学生姓名		学生学号		任务成绩	
实训设备、工具及仪器	吉利 EV450 诊断仪、吉利 EV450 整车、组合工具、高压防护套装	实训场地	理实一体化教室	日期	
任务描述	不能利用家用电进行充电,经检查为交流充电桩损坏,需对其进行更换。					
任务目的	请根据故障现象制订工作计划,利用诊断设备和仪器确定故障位置,并对故障部件进行检测、修复或更换。					

一、资讯

1. 车载充电机是固定安装在电动汽车上,将_____的电能转换_____所要求的直流电,并给_____充电的装置。车载充电机安装在车辆内部,其优势就是可以在车库、路边或者住宅等任何有_____供电的地方随时充电,功率相对较小。

2. 根据结构不同,可以分为_____、_____、集成式车载充电机。_____拓扑结构多样、控制简单。

3. 车载充电机由_____、功率单元、_____和直流输出接口等部分组成,在充电过程中宜由车载充电机提供_____、充电接触器、仪表盘、冷却系统等低压用电电源。

4. 输入接口包括 7 个端子,三类连接。包括_____、高压中性线、车辆底盘接地、低压信号的充电连接确认和_____。标准的输入端口采用工频单相输入_____V 电压。但如果功率需要,也可以启用两个备用端子(端子 NC1、NC2),可以实现_____V 输入。

5. 车载充电机的直流输出功率与其交流输入有功功率比值的百分数称为_____。

6. 吉利 EV450 车载充电机除了通过_____和动力蓄电池连接外,还通过高压线束和动力蓄电池、_____、_____连接,同时还有接口与交流充电接口相连,通过_____和整车控制器等进行通信,同时有冷却液进、出口。

7. 车载充电机工作过程有:_____、_____、_____。

8. 车载充电机实际输出电压值和输出电压设定值之间的偏差与输出电压设定值比值的百分数称为:_____。

9. 车载充电机实际输出电流值和输出电流设定值之间的偏差与输出电流设定值比值的百分数称为：_____。

10. 下图是吉利 EV450 低压接口，请填写表格。

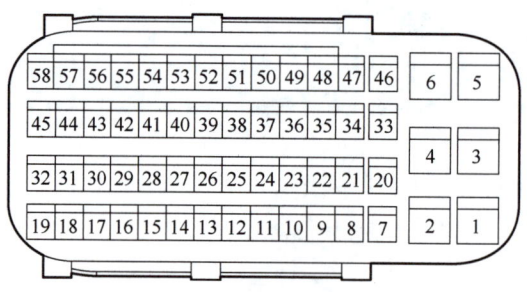

端 子 号	定 义
4	
6	
17	
19	
26	
27	
30	
34	
39	
41	
44	
47	
49	
50	
54	
55	
57	

二、计划与决策

请根据故障现象和任务要求，确定所需要的检测仪器、工具，并对小组成员进行合理分工，制订详细的诊断和修复计划。

1. 需要的检测仪器、工具

2. 小组成员分工

3. 诊断和修复计划

三、实施
车载充电机的更换流程如下：
1）打开前机舱盖。
2）断开_____。
3）断开_____。
4）排放_____。
5）拆卸车载充电机，具体步骤如下：
① 断开车载充电机与_____插接器。
② 断开车载充电机与_____插接器。
③ 断开车载充电机与_____插接器。
④ 断开车载充电机与_____连接水管。
⑤ 断开车载充电机与_____连接水管。
⑥ 断开车载充电机与_____插接器。
⑦ 拆卸分线盒电机控制器高压线束插接器_____。
⑧ 拆卸车载充电机_____。
⑨ 取出车载充电机。
6）安装车载充电机，具体步骤如下：
① 放置车载充电机，紧固四个车载充电机固定螺栓，力矩为_____ N·m。
② 紧固_____线束。
③ 连接车载充电机与_____插接器。
④ 连接车载充电机与_____插接器。
⑤ 连接车载充电机与_____插接器。
⑥ 连接车载充电机与_____连接水管。
⑦ 连接车载充电机与_____连接水管。
⑧ 连接车载充电机与_____插接器。
⑨ 插接分线盒侧直流母线束插接器，插接时注意"一插、二响、三确认"。
7）连接蓄电池负极电缆。
8）加注_____。
9）关闭机舱盖。

四、检查
故障排除后进行如下检查：
1. 检查是否能正常用220V交流电充电：_____。
2. 检查车辆运行情况：_____。

五、评估
1. 请根据自己任务完成的情况，对自己的工作进行自我评估，并提出改进意见。
1）_____
_____

2) _____

3) _____

2. 工单成绩（总分为自我评价、组长评价和教师评价得分值的平均值）

自 我 评 价	组 长 评 价	教 师 评 价	总　　分

任务工单 1.4

任务名称	直流充电装置的使用	学时	4	班级	
学生姓名		学生学号		任务成绩	
实训设备、工具及仪器	吉利 EV450 轿车 4 台、直流充电桩 4 个、充电卡 4 个	实训场地	理实一体化教室	日期	
任务描述	如何利用直流充电桩进行快充操作。				
任务目的	根据正确的流程进行直流充电桩的使用。				

一、资讯

1. 按照 GB/T 18487.1—2020 的规定,充电模式 4 为_____,将电动汽车连接到交流电网或直流电网时,使用了带控制导引功能的直流供电设备,这种模式也称为_____,又称快充,也称为_____,通过_____采用大电流给电池直接充电,使电池在短时间内可充至_____左右的电量,因此也可称为_____。

2. 快充充电方式充电时间短,能够在较短时间给蓄电池补充_____。目前,直流充电桩可以提供_____ A 的充电电流。

3. 快充充电桩连接线一端是_____色的充电枪,用来连接_____。连接车辆端的充电枪有_____个端子,对应车身上快充充电口的_____个端子槽。对吉利 EV450 轿车采用快充充电方式时,要将充电枪连接于车辆_____充电口。

4. 标出直流充电口各个端子的定义。

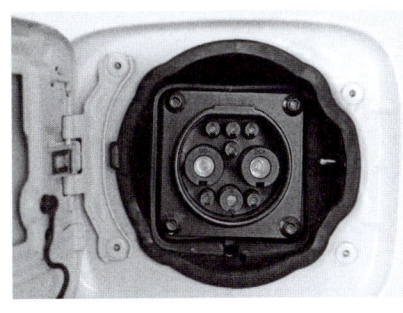

5. 快充充电方法是采用_____。_____是指在充电过程中不断反复放电、充电，循环充电。

6. 直流充电桩输入电压采用_____相_____线_____V 交流电（±15%），频率为_____Hz，输出可调的直流电，直接为电动汽车的动力蓄电池充电，可以提供足够大的_____，输出的电压和电流调整范围大，可以实现快充。

二、计划与决策

请根据任务要求，确定所需要的工具，并对小组成员进行合理分工，制订详细的诊断计划。

1. 需要的工具

2. 小组成员分工

3. 计划

三、实施

快充操作规程如下：

1）将车辆停在相应的_____内。

2）关闭_____。

3）打开_____。

4）在_____上选择_____。

5）将_____插入插卡口或放置于读卡区。

6）等待充电桩读卡后，输入充电卡的_____，按下确定键。

7）有两种模式选择：_____或定金额/时长/电量进行充电。

8）如选择_____，则直接插好充电枪并按下_____键开始充电。

9）如选择定金额/时长/电量进行充电，则需选择相应模式后设定相应参数，按下_____键开始充电。

10）收起_____。

11）充电结束后，再次插入充电卡或放置在_____，按下结算按钮进行此次_____结算。

12）结算成功后等待_____，并将_____收好。

13）取下_____，收好充电连接线后放回指定位置。

14）盖好_____，完成充电。

四、检查

充电完成后进行如下检查：

1. 检查是否充满电：_____。

2. 检查车辆运行情况：_____。

五、评估

1. 请根据自己任务完成的情况，对自己的工作进行自我评估，并提出改进意见。

1）_____

任务工单 1.4

2) _____

3) _____

2. 工单成绩（总分为自我评价、组长评价和教师评价得分值的平均值）

自 我 评 价	组 长 评 价	教 师 评 价	总　　分

任务工单 2.1

任务名称	动力蓄电池的认知	学时	4	班级	
学生姓名		学生学号		任务成绩	
实训设备、工具及仪器	吉利 EV450 整车、组合工具、高压防护套装	实训场地	理实一体化教室	日期	
任务描述	客户需要你讲解一下动力蓄电池。				
任务目的	请根据要求制订工作计划，进行任务实施。				

一、资讯

1. 电动汽车动力蓄电池（以下简称动力蓄电池）是电动汽车的_____，是能量的储存装置，是为电动汽车日常行驶提供能量的_____，是混合动力电动汽车的_____，能够将电能输出转换为_____的能量，并驱动_____。

2. 动力蓄电池从系统的角度可以分为_____、物理电池和_____三大类。化学电池是利用_____产生电能的装置。可以分为一次电池、_____和_____三大类，其中，一次电池和二次电池可以统称为_____。蓄电池适用于纯电动汽车，可以归类为铅酸蓄电池、镍基电池（镍-氢及镍-金属氢化物电池、镍-福及镍-锌电池）、钠基电池（钠-硫电池和钠-氯化镍电池）、_____等类型。燃料电池专用于_____。

3. 锂离子蓄电池性能比较高，_____大，平均输出_____高，自放电小，没有_____，工作温度范围为_____，循环性能优越、可快速充放电、充电效率高达_____，而且_____大，使用寿命长，没有_____，被称为绿色电池。

4. 根据正极材料的不同，锂离子蓄电池可以被分成许多种类，主要应用的有钴酸锂电池、锰酸锂电池、_____电池及_____电池等。

5. 三元锂电池具有_____高、_____低、_____好等优异特性，其在小型锂电中逐步占据一定的市场份额，并在动力锂电领域具有良好的发展前景。

6. 锂离子电池是指分别用两个能可逆地嵌入与_____的化合物作为正负极的二次电池。电池充电时，阴极中_____电离成_____和电子，并且_____向阳极运动与电子合成锂原子。放电时，锂原子从_____阳极表面电离成_____和电子，并在阴极处合成

14

锂原子。所以，在该电池中_____永远以锂离子的形态出现，不会以_____的形态出现，所以这种电池叫作_____。

二、计划与决策

请根据故障现象和任务要求，确定所需要的检测仪器、工具，并对小组成员进行合理分工，制订详细的诊断和修复计划。

1. 需要的检测仪器、工具

2. 小组成员分工

3. 诊断和修复计划

三、实施

1. 动力蓄电池的位置与基本信息

吉利 EV450 动力蓄电池位于_____，举升车辆即可看到。

观察电池铭牌，可以看到，吉利 EV450 电池采用_____电池，标称电压为_____V，电池容量为_____A·h，质量为_____kg。

2. 动力蓄电池与其他高压部件的连接

动力蓄电池通过_____和_____与其他部件进行连接。

动力蓄电池通过_____和车载充电机连接，通过_____和直流充电口连接，另外还有两个_____。

3. 动力蓄电池的冷却

动力蓄电池前部有两个_____接口，分别为_____和_____。吉利 EV450 采用_____，通过温度循环控制系统能够控制温度为_____~_____℃，让动力蓄电池内的_____及组件工作保持在平均_____的最佳工作温度。

四、评估

1. 请根据自己任务完成的情况，对自己的工作进行自我评估，并提出改进意见。

1) _____

2) _____

3) _____

2. 工单成绩（总分为自我评价、组长评价和教师评价得分值的平均值）

自 我 评 价	组 长 评 价	教 师 评 价	总　　分

任务工单 2.2

任务名称	动力蓄电池的更换	学时	4	班级	
学生姓名		学生学号		任务成绩	
实训设备、工具及仪器	吉利 EV450 整车、组合工具、高压防护套装、举升平台	实训场地	理实一体化教室	日期	
任务描述	小王买了一辆新的吉利 EV450 轿车,发现车辆电池故障灯点亮,经检查为动力蓄电池损坏,需进行动力蓄电池的更换,你知道如何更换动力蓄电池吗?					
任务目的	请根据故障现象制订工作计划,利用诊断设备和仪器确定故障位置,并对故障部件进行检测、修复或更换。					

一、资讯

1. 电动汽车用动力蓄电池基本性能指标主要有_____、_____、内阻、_____、输出功率和自放电率等。
2. 电池在一定负载条件下实际的放电电压称为_____。
3. 电池工作时公认的标准电压称为_____。
4. 放电终止时的电压值,通常与负载、使用要求有关,称为_____。
5. 外电路直流电压对电池充电的电压称为_____。
6. _____是指在充电以后,在一定放电条件下所能释放出的电量,其单位为 A·h,容量与放电电流大小、充放电截止电压有关。
7. _____是指设计与制造电池时,按照国家或相关部门颁布的标准,保证电池在一定的放电条件下能够放出的最低限度的电量。
8. _____是指电池在一定的放电条件下实际放出的电量。它等于放电电流与放电时间的乘积。
9. _____是指电池在工作时,电流流过电池内所受到的阻力,欧姆内阻主要是指由电极材料、电解液、隔膜电阻及各部分零件的接触电阻组成,与电池的尺寸、结构和装配等有关。
10. _____是指电池在一定放电制度下,单位时间内输出的能量,单位为 kW。
11. _____也叫作标称输出功率,它是指在用电设备正常使用的前提下,能够长时间工作输出功率的最大值。

12. 对所有化学电源，即使在与外界电路无任何接触的条件下断路放置，其容量也会自然衰减，这种现象称为_____。电池自放电的大小用自放电率衡量，通常以单位时间内容量减少的百分比表示。

13. 电池的比能量有两种：一种叫作_____，用瓦时/千克（W·h/kg）表示；另一种叫作_____，用瓦时/升（W·h/L）表示。

14. _____是指在一定的空间或质量物质中储存能量的大小。动力蓄电池能量密度越大，储存同样多的能量时自身体积越小。

15. 电池的单位重量或单位体积的功率称为电池的_____，它的单位是瓦/千克（W/kg）或瓦/升（W/L）。如果一个电池的比功率较大，则表明在单位时间内，单位重量或单位体积中给出的能量较多，即表示此电池能用较大的电流放电。因此，电池的比功率也是评价电池性能优劣的重要指标之一。

16. _____也称为充放电循环寿命，是衡量电池性能的一个重要参数。经过一次充电和放电，称为一次循环（或一个周期）。在一定的充放电制度下，电池容量降至某一规定值之前，电池能耐受的充放电次数，称为二次电池的充放电循环寿命。充放电循环寿命越长，电池的性能越好。

17. _____是指放电时的速率，常用"时率"和"倍率"表示。时率是指以放电时间表示的放电速率，即以一定的放电电流放完额定容量所需的时间。倍率是指电池在规定时间内放出额定容量所输出的电流值，数值上等于额定容量的倍数。

18. _____是指剩余电量与额定容量或实际容量的比例。这一参数是在电动汽车使用中十分关键却不易获取的数据。

二、计划与决策

请根据故障现象和任务要求，确定所需要的检测仪器、工具，并对小组成员进行合理分工，制订详细的诊断和修复计划。

1. 需要的检测仪器、工具

2. 小组成员分工

3. 诊断和修复计划

三、实施

1. 高压下电

1) 打开_____，断开_____电缆并等待_____min。

2) 向上推动_____。

3) 拆卸_____，要注意戴绝缘手套用万用表测量直流母线端正负极电压低于_____V。

2. 动力蓄电池的拆卸

1）支撑动力蓄电池总成。用_____将车辆举升，注意举升时确保举升机的支撑点不要支撑在动力蓄电池上。

2）将_____推入车底，并对齐动力蓄电池，锁紧_____后升起平台支撑动力蓄电池总成。

3）断开动力蓄电池_____与水泵（电池）的连接，断开动力蓄电池_____与电池膨胀壶的连接。

4）断开动力蓄电池的两个_____，断开动力蓄电池与前机舱线束的两个_____。

5）拆卸动力蓄电池搭铁线_____。

6）拆卸动力蓄电池防撞梁_____个固定螺栓。

7）拆卸动力蓄电池总成后部_____个固定螺栓。

8）拆卸动力蓄电池总成前部_____个固定螺栓。

9）拆卸动力蓄电池总成左右各_____个固定螺栓。

10）缓慢降下平台车取出动力蓄电池总成，注意在下降过程中平台车缓慢_____移动可以避免动力蓄电池与_____的干涉。

3. 动力蓄电池的安装

更换新的动力蓄电池后，要对动力蓄电池进行安装。

1）将平台车推至车底，固定好_____后缓慢举升平台车，松开脚轮后调整_____位置，使动力蓄电池总成上的_____与车身对齐，并再次固定_____。

2）安装并紧固动力蓄电池总成后部_____个固定螺栓，力矩为_____N·m。

3）安装并紧固动力蓄电池总成前部_____个固定螺栓，力矩为_____N·m。

4）安装并紧固动力蓄电池总成左右各_____个固定螺栓，力矩为_____N·m。

5）连接动力蓄电池与前机舱的_____个线束插接器。

6）连接动力蓄电池的_____个高压线束插接器，注意插接时要"一插、二响、三确认"。

7）安装动力蓄电池搭铁线束固定螺栓，力矩为_____N·m。

8）连接动力蓄电池_____与水泵（电池）。

9）连接动力蓄电池_____与电池膨胀壶。

4. 上电操作

1）连接_____端插件。

2）连接蓄电池_____电缆。

3）关闭机舱盖。

完成动力蓄电池的更换。

四、检查

故障排除后进行如下检查：

1. 检查是否能正常上电：_____。

2. 检查车辆运行情况：_____。

五、评估

1. 请根据自己任务完成的情况，对自己的工作进行自我评估，并提出改进意见。

1）_____

_____

任务工单 2.2

2）_____

3）_____

2. 工单成绩（总分为自我评价、组长评价和教师评价得分值的平均值）

自 我 评 价	组 长 评 价	教 师 评 价	总　　分

任务工单 2.3

任务名称	动力蓄电池内部认知	学时	4	班级	
学生姓名		学生学号		任务成绩	
实训设备、工具及仪器	吉利 EV450 纯电动汽车动力蓄电池 4 个、万用表 4 个	实训场地	理实一体化教室	日期	
任务描述	小王在某 4S 店工作，今天接了吉利 EV450 轿车，师傅告知小王需要打开动力蓄电池总成进行检查，你知道动力蓄电池内部的结构吗？				
任务目的	能够与人沟通并建立良好关系，能够正确、规范地对纯电动汽车进行充电操作。				

一、资讯

1. 动力蓄电池主要由两大部分组成，即_____和_____。其中电池管理系统相当于动力蓄电池的_____，主要对_____进行检测，对_____等进行管理，主要包括电池信息采集器、_____等。电池本体部分主要由_____、_____及其他_____等部分组成。

2. 吉利 EV450 纯电动汽车的动力蓄电池输出电压为_____V 左右，容量为_____A·h，额定容量为_____kW·h。该电池由_____个电池模组串联组成。

3. 单体电池指构成动力蓄电池模块的最小单元，一般由_____、_____、电解质及外壳等构成，可实现电能与化学能之间的直接转换。磷酸铁锂单体电池电压为_____V 左右，三元锂单体电池电压为_____V 左右。

4. 为了提高容量，将多个单体电池进行并联就得到了_____。_____是电池单体在物理结构和电路上连接起来的最小分组，其电压与_____电压相同，其容量为_____容量与并联的单体电池数量的乘积。

5. 电池模组指多个_____串联组成的一个组合体模组。电池模组是组成_____的分组，其电压为_____的电压与串联在一起的电池模块数量的_____，其容量与电池模块的容量相等。

6. 动力蓄电池的电压等于_____的所有电池模组的和，其容量与单格电池模组的容量_____。例如，某电动汽车动力蓄电池由 10 个电池模组串联组成，每个模组的电压为 32V，容量为 80A·h，因此动力蓄电池的电压为_____V，动力蓄电池的容量为_____A·h。

7. 辅助器件主要包括动力蓄电池系统内部的_____以及接口，如_____、_____、分流器、_____、烟雾传感器等，_____以及_____以外的_____，如密封条、绝缘材料等。

二、计划与决策

请根据任务要求，确定所需要的仪器、工具，并对小组成员进行合理分工，制订详细的工作计划。

1. 需要的检测仪器、工具

2. 小组成员分工

3. 计划

三、实施

1. 准备工作

穿戴好工服、绝缘鞋。

2. 动力蓄电池认知

1）吉利 EV450 纯电动汽车的动力蓄电池包含上盖和_____，上盖与下箱体胶封在一起。
2）直流母线接口包含_____和_____两个端子。
3）直流母线正负极端子之间有_____端子。
4）_____用来和外部进行通信。
5）动力蓄电池上部中间橙色部位为_____。
6）拔下维修开关，打开动力蓄电池上盖，可以看到_____。
7）分块取下隔热棉后，可以看到_____，两侧分别连接了_____和_____。
8）动力蓄电池前端有冷却液_____和冷却液_____。
9）动力蓄电池前端有_____，位于低压通信接口侧面。
10）电池内部有_____个动力蓄电池模组。
11）电池内部有动力蓄电池_____，冷却液从进水口流入，对各个电池进行冷却后，通过出水口流出。
12）动力蓄电池内部有_____，各个动力蓄电池的电压、温度、绝缘等信号通过这些数据采集线进入_____。
13）动力蓄电池内部有信息采集盒，采集盒通过总线连接_____。
14）维修开关上有_____。
15）插上维修开关，用万用表测量正负极汇流排之间的电压，为_____V。测量 12 号电池模组的电压，为_____V。
16）用万用表测量 7 号电池模组的电压，为_____V。
17）用万用表测量 3 号电池模组的电压，为_____V，动力蓄电池电压为上述电压串联而成，因此总电压为_____V。

四、检查

1. 检查设备是否收好_____。
2. 检查电池是否整理_____。

五、评估

1. 请根据自己任务完成的情况，对自己的工作进行自我评估，并提出改进意见。

1) _____

2) _____

3) _____

2. 工单成绩（总分为自我评价、组长评价和教师评价得分值的平均值）

自 我 评 价	组 长 评 价	教 师 评 价	总　　分

任务工单 3.1

任务名称	电池管理系统认知	学时	4	班级	
学生姓名		学生学号		任务成绩	
实训设备、工具及仪器	吉利 EV450 纯电动汽车 4 辆、组合工具 4 套	实训场地	理实一体化教室	日期	
任务描述	一辆吉利 EV450 轿车,利用诊断仪读取电池信息。					
任务目的	能够与人沟通并建立良好关系,能够正确、规范地对纯电动汽车进行电池信息的读取。					

一、资讯

1. 电池管理系统是为了合理地_____,也是电动汽车安全行驶的必要条件。其主要功能是_____,主要由_____、电池均衡管控、_____、安全管理、温度控制和通信功能组成等。

2. 电池状态的监测包括_____、_____和_____等;电池状态的评估包括剩余_____及电池老化评估等。电池状态的监测主要是进行电池信息的采集,目前,信息采集系统有三种拓扑结构,分别为:_____、_____、_____。

3. 比亚迪 E5 电池管理系统采用_____式电池管理系统,由_____、电池信息采集器、_____组成。

4. 电池均衡管控是_____组成部分。由多个不同的电池构成电池组不仅缩短电池的使用寿命,而且会导致整个电池组的_____大大降低,为了消除这些弊端就必须消除或避免电池的不一致性,因此_____是电池管理系统中不可或缺的一部分。

5. 电池剩余电量估计也是_____关键技术的组成部分,电池剩余电量就类似于燃油汽车的油表盘,通过_____,可以实时了解电动汽车_____的使用情况,并估计_____里程。电池剩余电量通常可用_____表示,数值一般以_____形式显示。

6. 通信功能是实现信息交互,是连接汽车设备与_____间的媒介,目前常用的通信方式是通过_____总线进行数据传递,_____总线具有传递效率高、

_____和传输速度快等优点。除此之外,电池管理系统内部也需要进行数据交互,一般采用_____或者 RS232 通信。

7. 描述典型电池管理系统的拓扑结构

二、计划与决策

请根据任务要求,确定所需要的仪器、工具,并对小组成员进行合理分工,制订详细的工作计划。

1. 需要的检测仪器、工具

2. 小组成员分工

3. 计划

三、实施

连接_____。

双击_____图标,打开诊断软件。

单击_____。

进入_____。

任务工单 3.1

单击_____。
进入_____界面并选择相应车型。
进入_____界面选择_____。
选择_____，然后选择读取数据流，即可读取电池信息。
电池信息记录如下：
电池总电压_____。
单体电池最高电压_____。
单体电池最低电压_____。
单体电池最高温度_____。
单体电池最低温度_____。

四、检查
1. 检查设备是否收好 _____。
2. 检查车辆是否正常 _____。

五、评估
1. 请根据自己任务完成的情况，对自己的工作进行自我评估，并提出改进意见。
1) _____
_____
2) _____
_____
3) _____
_____

2. 工单成绩（总分为自我评价、组长评价和教师评价得分值的平均值）

自 我 评 价	组 长 评 价	教 师 评 价	总　　分

任务工单 3.2

任务名称	电池管理系统故障诊断	学时	4	班级	
学生姓名		学生学号		任务成绩	
实训设备、工具及仪器	吉利 EV450 诊断仪、吉利 EV450 整车、组合工具、高压防护套装	实训场地	理实一体化教室	日期	
任务描述	利用诊断仪不能正确读取电池信息,经检查为电池管理系统电源故障。				
任务目的	请根据故障现象制订工作计划,利用诊断设备和仪器确定故障位置,并对故障部件进行检测、修复或更换。				

一、资讯

1. 电池管理系统的控制和算法的实现主要是以_____、_____、_____这三个物理量为基础的,所以数据采集结果的准确性直接影响_____的整体性能,具体涉及_____的估算、_____的效果、电池充放电效率以及_____等。

2. 电压检测分为两部分,即_____的电压测量和_____的电压测量。

3. 电池包电压主要的故障现象有:_____过电压、欠电压和电压异常。电池包过电压的现象为,高压检测到电池包电压_____某阈值,欠电压的现象为,电池包电压_____某阈值,电池包总电压异样表现为,总电压值_____单节电池电压值与_____的乘积。以上情况一旦出现,电池控制单元将会更新故障标志,并且根据相应的故障_____对故障码进行储存以及点亮_____,同时采取相应的故障解决措施。

4. 电池模组电压采集目前有两种方式,一种是通过_____进行采集,另一种是通过专用_____进行采集。搭建电压采集电路主要有两种常用的方法,即_____和差模测量法。

5. 电池模组主要的故障现象有:_____电压过电压、_____以及电池模块电压异常。电池管理系统将会设置固定的_____对电池包电压以及电池组电压进行监控,并且采用两种安全保护机制。第一种针对电池的欠电压,电池管理系统将请求_____。第二种针对电池的严重过电压、欠电压,电池管理系统将请求_____。

6. 电流的采集相比电压而言，采集的通道数较少，因为锂离子蓄电池往往_____使用，各个电池的工作电流相同，只测量串联之后的_____就可以了。在电流监测时，一般将电流信号转换为_____信号，基于此测量方法，电流采集主要有基于_____采样和基于霍尔电流传感器采样两种方案。

二、计划与决策

请根据故障现象和任务要求，确定所需要的检测仪器、工具，并对小组成员进行合理分工，制订详细的诊断和修复计划。

1. 需要的检测仪器、工具

2. 小组成员分工

3. 诊断和修复计划

三、实施

电池管理系统电源故障诊断流程如下：

用_____访问电池管理系统模块，检查是否输出_____，有_____代码，则根据代码进行相应的维修。

没有 DTC，则用_____检查铅酸蓄电池电压是否正常。电压标准值为_____V。如不正常，则对铅酸电池进行充电或更换新的_____。

如检查正常，则检查电池管理系统模块熔丝_____有无故障。

如熔丝有故障，则检查相应_____有无短路现象。如果电路短路，则更换额定电流的_____，熔丝的额定值：EF01 为_____A、IF18 为_____A，再次确认电池管理系统模块是否正常工作。如果正常，则维修完成，系统正常。

如熔丝无故障，检查电池管理系统模块_____：操作起动开关使电源模式至 OFF 状态。断开电池管理系统模块线束插接器_____。操作起动开关使电源模式至_____状态，测量电池管理系统模块线束插接器_____端子 1、7 对_____的电压。电压标准值为_____V，确认电压是否符合标准值。如果不符合，则维修或_____。

如果符合标准值，则检查电池管理系_____：操作起动开关使电源模式至 OFF 状态，测量电池管理系统模块线束插接器_____端子 2 与_____之间的电阻值。电阻标准值：小于 1Ω，确认电阻是否符合标准值。如果不符合，则维修或_____。

如果符合标准值，则检查电池管理系统模块与_____之间线束插接器的数据通信线：操作起动开关使电源模式至_____状态，将蓄电池负极电缆从_____上断开，断开电池管理系统模块线束插接器_____，从整车控制器上断开线束插接器_____。测量电池管理系统模块线束插接器 CA69 端子 3 与_____线束插接器 CA66 端子_____之间的电阻值。测量电池管理系统模块线束插接器 CA69 端子 4 与_____线束插接器 CA66 端子_____之间的电阻值。电阻标准值：小于_____Ω，确认电阻是否符合标准值。如果不符合，则维修或更换线束。

如果符合标准值，则判定为_____模块损坏，更换_____模块。

四、检查

故障排除后进行如下检查：

1. 车辆能否正常上电：_____。
2. 检查车辆运行情况：_____。

五、评估

1. 请根据自己任务完成的情况，对自己的工作进行自我评估，并提出改进意见。

1) _____

2) _____

3) _____

2. 工单成绩（总分为自我评价、组长评价和教师评价得分值的平均值）

自 我 评 价	组 长 评 价	教 师 评 价	总　　分

任务工单 3.3

任务名称	动力蓄电池绝缘阻值检测		学时	4	班级	
学生姓名			学生学号		任务成绩	
实训设备、工具及仪器	吉利 EV450 诊断仪、吉利 EV450 整车、组合工具、高压防护套装		实训场地	理实一体化教室	日期	
任务描述	客户车辆报绝缘故障,需要对车辆进行故障诊断与排除。					
任务目的	请根据故障现象制订工作计划,利用诊断设备和仪器确定故障位置,并对故障部件进行检测、修复或更换。					

一、资讯

1. 根据危害分析风险评估,当整车遇到_____、欠电压或_____等状况时,需要电池管理系统发出切断接触器的指令,保证_____以及交通参与者的安全。但是在现实工况下,接触器会发生_____以及无法吸合的情况,所以在设计过程中需要对_____的驱动线圈回路以及接触器端电压进行_____,以反馈接触器按照正确的指令执行相对应的操作。

2. 当电池管理系统发出断开_____信号后,主控单元将会检测_____的电压,压差超过某阈值表示_____状态正常,压差低于某阈值表示_____可能粘连。电池管理系统发出闭合接触器指令后,主控单元也会检测_____两端的电压,电压小于某阈值时表示接触器正常_____,压差大于某阈值时表示接触器不_____。

3. 除了诊断接触器两端电压,本系统也拥有_____的诊断功能。接触器线圈回路的控制以及诊断使用_____驱动模块。

4. 电池包是有源系统,在测量绝缘电阻的过程中,可以利用自身的_____。而普通的材料测量绝缘,则需要借助_____的电源进行。动力蓄电池绝缘电阻指的是:若动力蓄电池与车身公共接地之间某处发生_____,最大的漏电流值相对的_____。

5. 动力蓄电池系统的绝缘电阻测量,主要有两类方法:一类是交流信号注入法,另一类是_____。交流信号注入法,指给动力蓄电池正负极之间注入一定频率的_____,通过测量系统反馈,获得系统的绝缘电阻。缺点是,测试信号在系统中形成_____,影响系统正常工作。

6. _____用于判断整个车载高压系统的完整性。在电动汽车整车系统中，判断高压电气元件的连接状态是重要环节，如果高压系统回路_____或者高压回路_____，将会发生高压系统裸露、动力蓄电池输入输出功率_____和插接器_____等情况，对动力蓄电池以及整车系统的安全性造成影响。高压互锁回路的输出源既可以是电池管理系统，也可以是_____。

二、计划与决策

请根据故障现象和任务要求，确定所需要的检测仪器、工具，并对小组成员进行合理分工，制订详细的诊断和修复计划。

1. 需要的检测仪器、工具

2. 小组成员分工

3. 诊断和修复计划

三、实施

绝缘检测流程如下：

1. 确认高压回路切断

操作起动开关使电源模式至_____状态，断开蓄电池_____电缆，断开_____，断开动力蓄电池高压线束插接器_____，等待_____min，用万用表检测_____端子1与端子_____之间的电压，标准电压：_____V，注意端子1与端子2距离较近，严禁万用表针头_____和触碰任何非目标测量金属部件，并佩戴_____。

2. 检测动力蓄电池供电绝缘阻值

操作起动开关使电源模式至_____状态，断开蓄电池_____电缆，断开_____，拆卸动力蓄电池高压线束插接器_____，将高压绝缘检测仪的档位调至_____V，用高压绝缘检测仪测量动力蓄电池高压线束插接器_____的1号端子与_____之间的电阻。标准电阻：大于或等于_____Ω。用高压绝缘检测仪测量动力蓄电池_____插接器BV16的2号端子与_____之间的电阻，标准电阻：大于或等于_____Ω。确认测量值是否符合标准。如果不符合标准，则维修或更换线束。

3. 检测动力蓄电池充电电路绝缘阻值

操作起动开关使电源模式至_____状态，断开蓄电池_____电缆，断开_____，拆卸动力蓄电池高压线束插接器_____，将高压绝缘检测仪的档位调至_____V，用高压绝缘检测仪测量动力蓄电池高压线束插接器BV23的1号端子与_____之间的电阻。标准电阻：大于或等于_____Ω。用高压绝缘检测仪测量动力蓄电池高压线束插接器_____的2号端子与_____之间的电阻，标准电阻：大于或等于_____Ω，确认测量值是否符合标准。如果不符合标准，则维修或更换线束。

四、检查

故障排除后进行如下检查：

1. 车辆能否正常上电：_____。
2. 检查车辆运行情况：_____。

任务工单 3.3

五、评估

1. 请根据自己任务完成的情况，对自己的工作进行自我评估，并提出改进意见。

1）_____

_____

2）_____

_____

3）_____

2. 工单成绩（总分为自我评价、组长评价和教师评价得分值的平均值）

自 我 评 价	组 长 评 价	教 师 评 价	总　　分

任务工单 3.4

任务名称	动力蓄电池温度管理系统故障诊断	学时	4	班级	
学生姓名		学生学号		任务成绩	
实训设备、工具及仪器	吉利 EV450 诊断仪、吉利 EV450 整车、组合工具、高压防护套装	实训场地	理实一体化教室	日期	
任务描述	小王有一辆吉利 EV450 轿车，需要进行电池热管理控制器进行更换，你知道如何安全规范地进行更换吗？				
任务目的	请根据故障现象制订工作计划，利用诊断设备和仪器确定故障位置，并对故障部件进行检测、修复或更换。				

一、资讯

1. SOC 又称＿＿＿＿＿＿＿＿＿＿＿＿，通常指电池当前剩余电量与相同的放电条件下电池的＿＿＿＿＿＿＿＿＿＿的比值，因此电池 SOC 也称为电池的＿＿＿＿＿＿＿＿＿＿。

2. SOC 的估算方法有：＿＿＿＿＿＿＿＿＿＿＿＿＿＿＿＿＿＿＿＿＿＿＿＿。

3. 目前，常见的电动汽车电池串并联组合主要有四种，分别为全部并联、全部串联、＿＿＿＿＿以及先并后串。

4. 电池组模型中，＿＿＿＿＿＿＿＿＿的方案可靠性最高，并且其＿＿＿＿＿＿和容量都能满足电动汽车的需要。当然并联时会产生＿＿＿＿＿＿，因此在应用到电动汽车上还需要考虑到＿＿＿＿＿＿的影响，其中限制＿＿＿＿＿＿的方法也已经普及。

5. 单体电池的＿＿＿＿＿、＿＿＿＿＿、＿＿＿＿＿以及容量的差异是造成电池组不一致性的主要原因。

6. 如果没有充电均衡管理，电池组的充电就像＿＿＿＿＿效应一样，要么一个充满就要＿＿＿＿＿＿，要么就要＿＿＿＿＿＿，都是电池组应用的巨大障碍，而＿＿＿＿＿＿就是要解决这些障碍。

7. 一般的充电均衡方法可以划分成两种，一种是＿＿＿＿＿＿＿＿＿＿＿＿＿＿＿，是利用电阻或负载等元件消耗多出的能量。另一种是＿＿＿＿＿＿＿＿＿＿＿＿＿，是利用过渡环节把能量多的电池能量转移到能量少的电池或电池组，其过渡环节采用的原件有＿＿＿＿＿、＿＿＿＿＿和＿＿＿＿＿等。

任务工单 3.4

8. 动力蓄电池的散热方式分为_____和_____两种。被动系统所要求的成本比较低，采取的措施也较简单。主动系统结构相对复杂一些，且需要更大的_____，但它的热管理更加有效。

9. 主动冷却指由专用设备通过_____或者_____进行强制流动来对动力蓄电池进行冷却。目前最有效、最常用的还是采用_____作为散热介质。目前多采用的空冷主要有_____和串行两种通风方式。

二、计划与决策

请根据故障现象和任务要求，确定所需要的检测仪器、工具，并对小组成员进行合理分工，制订详细的诊断和修复计划。

1. 需要的检测仪器、工具

2. 小组成员分工

3. 诊断和修复计划

三、实施

电动水泵的更换流程如下：

1）打开_____盖。

2）断开蓄电池_____电缆。

3）拆装机舱底部_____总成。

4）排放电池冷却系统_____。

5）拆卸电动水泵（电池）。

① 断开电动水泵_____。

② 拆卸电动水泵与水泵出水管的连接卡箍，脱开_____。

③ 拆卸电动水泵与水泵进水管的连接卡箍，脱开_____。

④ 拆卸电动水泵支架上的固定螺母，取下_____。

6）安装电动水泵（电池）。

① 安装电动水泵到_____。

② 放置电动水泵，安装电动水泵支架上的_____，力矩为_____N·m。

③ 连接电动水泵与水泵进水管，用_____紧固。

④ 连接电动水泵与水泵_____，用卡箍紧固。

⑤ 连接电动水泵_____。插接时要注意"一插、二响、三确认"。

7）安装机舱底部_____总成。

8）加注_____。

9）连接_____电缆。

10）关闭前机舱盖。

四、检查

故障排除后进行如下检查：

1. 车辆能否正常上电：_____。

2. 检查车辆运行情况：_____。

33

五、评估

1. 请根据自己任务完成的情况，对自己的工作进行自我评估，并提出改进意见。

1) _____

2) _____

3) _____

2. 工单成绩（总分为自我评价、组长评价和教师评价得分值的平均值）

自 我 评 价	组 长 评 价	教 师 评 价	总　　分